班组建设卓越之道

国网浙江省电力有限公司 ◎ 著

企业管理出版社

图书在版编目（CIP）数据

班组建设卓越之道/国网浙江省电力有限公司著. —北京：企业管理出版社，2023.11
ISBN 978-7-5164-2897-9

Ⅰ.①班… Ⅱ.①国… Ⅲ.①电力工业－工业企业管理－班组管理－中国 Ⅳ.①F426.61

中国国家版本馆 CIP 数据核字（2023）第 176803 号

书　　名：	班组建设卓越之道
书　　号：	ISBN 978-7-5164-2897-9
作　　者：	国网浙江省电力有限公司
责任编辑：	解智龙　宋可力
出版发行：	企业管理出版社
经　　销：	新华书店
地　　址：	北京市海淀区紫竹院南路 17 号　　邮　　编：100048
网　　址：	http://www.emph.cn　　电子信箱：emph001@163.com
电　　话：	编辑部（010）68701638　　发行部（010）68701816
印　　刷：	北京联兴盛业印刷股份有限公司
版　　次：	2023 年 11 月第 1 版
印　　次：	2023 年 11 月第 1 次印刷
开　　本：	710mm×1000mm　1/16
印　　张：	13.75
字　　数：	146 千字
定　　价：	88.00 元

版权所有　翻印必究　·　印装有误　负责调换

本书编委会

主　任　黄晓尧
副主任　吴至复　李旭东
委　员　钟　晖　张黎明　钟　慧　赵仲夏　王建莉　孟　磊
　　　　林　童　王宗波　张　辉　张　喆　方晓宝　金　菲
　　　　倪相生　赵　铮　孙志达　黄　翔　黄田青　吴俊利
　　　　卢新岱　高　瞻　李　超　杨冠军

本书编写组

组　长　钟　晖
副组长　张黎明
组　员　钟　慧　赵仲夏　王晴霞　袁慧宏　汤枭睿　张伟杰
　　　　雷　鸣　刘　慧　沈　航　赵　成　龚天宁　高　原
　　　　姚利忠　陈　超　陈加炜　俞　军　郑　琦　张　捷
　　　　过　浩　金建峰　王丽蓉　许奇超　孙　路　朱维新
　　　　马玉坤　徐丝丝　吴红轩　陈灵君　鲁晓敏　王慕宾
　　　　励力帆　叶　斌　吴雅琼　朱晓峰　韩春雷　汪玉峰
　　　　王云烨　姚一杨　吕　悦　杨涛涛

序

忠诚担当，求实创新，这是中华民族止于至善的文化基因，也是国家电网生生不息的精神之源。班组强，则企业强；班组卓越，则企业卓越。作为企业最基层的业务执行单元，卓越班组建设是国网浙江省电力有限公司（以下简称国网浙江电力）不断发展的内在驱动，也是其勇立潮头的极致追求。

回望来路，我们坚定卓越目标，笃志不移、坚定起跑。在国家电网党组的高度重视和坚强领导下，国网浙江电力紧扣"走在前、作示范，打造示范窗口"的目标定位，争当电网企业新时期班组建设的先行实践者、先进引领者，将提升班组执行能力作为战略目标落地的关键抓手，寓班组建设认识论、实践论、方法论于一体，强基固本练内功，持之以恒抓建设，高质量完成了达标班组、专业化星级班组、精品典型班组建设的"三阶段"十年历程，首创了"专业＋通用＋精品"模块化的精品典型班组多维培育和评价体系，构建了"争典型、成体系、能推广"的优秀班组争创和"能上能下"工作机制，走出了一条凝聚浙电智慧、彰显浙电特色的基层基础提升之路。

立足当下，我们锚定卓越方向，革故鼎新、加速助跑。自党中央提出"碳达峰、碳中和"、构建新型电力系统等战略部署以来，经济社会发展绿色转型全面推进，能源电力行业加速变革，电网形态发生深刻演变，对电网企业加快调整生产关系、适应生产力发展的新要求带来了新挑战和新机遇。

国网浙江电力将2400余个基层班组作为推动改革创新发展的中坚力量，坚持顶层设计，加强分类建设，强化管理穿透，实现一体化推进。在精品典型班组建设取得成效的基础上，开展现代班组研究，创新探索卓越班组"三级联创"建设模式，形成了"13434"方法体系，聚焦"一个核心"，把握"三大特征"，抓牢"四个关键"，紧扣"三条途径"，实现"四个提效"，通过管理赋能破解班组转型升级瓶颈，推动省市县班组在基层、基础、基本功上自我成长、迭代演进，建成"装备精良、作业精湛，管理精细、队伍精干，核心能力无可替代"的现代班组。

弄潮儿向涛头立。在全面建设"两个示范"、加快"两个转型"的新征程上，基层班组的卓越之路开启了新的起点。国网浙江电力将深入学习贯彻党的二十大精神，全面巩固并发挥学习习近平新时代中国特色社会主义思想主题教育活动成效，以更高的政治站位和更强的责任担当，凝心聚力、实干争先，深入践行"电等发展"，紧扣"一体四翼"发展布局，努力把班组建设成为高效坚强的执行单元，为推动国家电网高质量发展、奋力谱写中国式现代化浙江电力新篇章贡献更强大的基层基础力量。

本书编委会

2023年8月

班组未来，向内而生

习近平总书记亲自点题、亲自谋划、亲自推动产业工人队伍建设改革，全国总工会和国务院国资委党委联合印发《关于充分发挥国有企业在推进产业工人队伍建设改革中带动作用的意见》，要求造就一支有理想守信念、懂技术会创新、敢担当讲奉献的宏大产业工人队伍，为电网企业班组求变应变指明了发展方向、提供了根本遵循。

国网浙江电力班组人数超5.5万人，占全口径用工总量超75%。班组已然成为企业攻坚克难的"桥头堡"和行稳致远的"压舱石"。"九层之台，起于垒土。"近年来，国网浙江电力深刻把握经济社会发展新要求、能源电力发展新形势、国家电网战略落地新使命，全公司系统班组立足岗位、服务大局，真抓实干、接续奋斗，为企业高质量发展贡献了最基础、最坚实的支撑保障和动力源泉，以敢为人先、勇挑大梁的担当作为，全面走在前、作示范。

未来已来，求变应变。未来五年是全面建设社会主义现代化国家开局起步的关键时期。作为传统生产服务型企业，国家电网面临的内外形势复杂多变，发展改革任务艰巨繁重，挑战压力、责任要求势必传递穿透到基层班组的方方面面，让班组主动求变、积极应变成为长期性、系统性、战略性工程。同时，以数据为基础的技术正在改变人类的未来，无人机、区块链、ChatGPT 等数字化应用场景越发普及，彼得·戴曼迪斯和史蒂芬·科特勒在《未来呼啸而来》中预言"量子计算、人工智能等九大指数型技术的互相融合会带来巨大的变革力量，并将完全重塑我们的生活方式与商业模式"，为电网企业班组求变应变提供了破题契机、先进手段。

向内生长，蝶变跃升。在业界，人们逐渐意识到，"向内生长"是企业未来的生存与发展之道，其通过向下扎根，通过持续改进、自我提升、自我发展，寻得更多向外而行的机会。企业能否顺利推进"向内生长"，取决于能否将有限的资源集中在关键业务上，提高收入产出比；能否学会降本增效，利用危机实现人才迭代、推动组织变革；能否具有持之以恒的韧性精神，实现长远的发展目标。这一方法论下沉到基层班组同样适用，探索"向内生长"的班组建设显得尤为重要。通过公司管理层卓越的战略远见和信息技术的广泛应用，以上下同频共振推动高效执行；通过加快核心业务回归和优化内部激励机制，以强基固本提升内生动力，才能一步步将企业宏伟蓝图变为实景。

过去、当下和今后一段时期，作为电网企业新时期班组建设的先行者，国网浙江电力一直在思考并探索如何与时俱进推动班组建设与企业发展、如何与时代发展同频共振。本书收录了 18 个卓越班组成果和 6 个全面推进成果，系统地介绍了"十二五"

以来，国网浙江电力以勇立潮头的勇气，持续锚定公司战略性、全局性、基础性、根本性工程，实现班组建设"十年跨越"的谋划设计和实践经验。本书的出版得到了各级班组管理领导、专家的大力支持和帮助，凝聚着一线班组在管理实践中的智慧和心血，也希望在推动国家电网"一体四翼"高质量发展、奋力谱写中国式现代化浙江电力新篇章的征程上，能够得到更多专家学者和同行的深入探讨和研究，共同促进新时期班组建设大跨越、大提升。

国网浙江省电力有限公司

目 录

001 第一章
多重变化催生班组建设创新

第一节　智能时代班组悄然到来　003
第二节　新型电力系统扬帆起航　006
第三节　数字化转型加速推进　008

013 第二章
班组建设发展历程

第一节　夯实基础阶段：开展达标班组建设　015
第二节　精益发展阶段：推进班组星级创建　016
第三节　标杆引领阶段：创新精品典型班组　019

023 第三章
新时期班组建设探索实践

第一节　新时期班组建设引发的思考　　025
第二节　班组现状全景分析及愿景目标　　029
第三节　新时期班组建设探索举措　　043

061 第四章
卓越班组建设体系架构

第一节　谋篇布局卓越班组建设　　063
第二节　"十四五"班组建设的提升重点　　078
第三节　卓越班组建设典型案例　　084
第四节　卓越班组建设的实践"复盘"　　132

135 第五章
卓越班组建设全面推进

第一节　卓越班组"三级联创"构想的酝酿与定型　　137
第二节　卓越班组建设全面推进典型案例　　140

目 录

155 第六章
卓越班组建设内容的拓展与丰富

第一节　全面加强基层班组创新创效　　157
第二节　积极营造班组团队文化氛围　　171

187 尾　声
对未来班组建设的展望与思考

193 附　录

2023年卓越班组"三级联创"工作流程
及考评标准（试行）　　　　　　　　193

204 参考文献

205 后　记

第一章
多重变化催生班组建设创新

第一节　智能时代班组悄然到来

班组起源于劳动分工，服务于生产效率。基层班组是企业改革发展的主力军，也是企业人力资源的中坚力量。借鉴国共慧的《班组进化论》一书，我们对班组从工业时代班组、信息时代班组到智能时代的班组发展变化的三个阶段做进一步研究分析与解读。

工业时代是班组的起源，其特征是通过绩效实现对班组生产的控制。这是一个管理理论和管理实践从萌芽、生长到绽放光华的阶段。泰勒在《科学管理原理》一书中提到，关于绩效提升必须挑选一流的工人，将管理与执行职能分离，其中定额管理、标准化管理、计件工资等理念得到普遍的推广应用。其后，班组中"人"的因素越来越被重视，哈佛大学教授梅奥所做的著名的"霍桑实验"[1]研究认为，工人不只是受金钱刺激的"经济人"，而且是个人态度决定其行为的"社会人"。因此，以提升"人力资本"[2]为主要目的的各种社会培训体系也应运而生。同一时期，"技术"成为班组模式改变和班组建设提升的重要驱动因素。总之，工业时代的班组不断向前发展，依靠的就是管理、技术和

---

[1] 霍桑实验是1924年西方电气公司在美国芝加哥西部的霍桑工厂做的实验。
[2] 舒尔茨在《人力资本投资》演说中阐述了许多无法用传统经济理论解释的经济增长问题，明确提出人力资本是当今时代推进国民经济增长的重要原因。

人才。

信息时代的班组得益于信息技术所掀起的产业革命。这一时期，过去成千上万人的流水线生产现在只要几十个人就能完成。因此，大规模定制成为现实，顺应消费者需要的"拉动式"生产成为当代的主流，消费者主权能得到很好的体现。这一时期，从企业和用户之间的关系来看，边界开始模糊，基层班组必须直接对接市场和客户，班组对企业决策的影响也起着决定性作用。从班组功能来看，借助信息技术的全面支撑，很多大型企业逐步推行组织扁平化，班组由末端执行单元向前端价值创造单元转变。从班组成员来看，形成了很多自动化生产条件下与机器协同开展工作的工人和工程师团队。新团队的知识型员工使企业深刻认识到，激励和释放员工的激情、热情和才情对提升效益尤为重要。在企业管理中，以提升人的能力配合技术手段提升和管理机制优化，成为班组建设的重要课题。提升班组成员素质，加强班组人才队伍建设是企业在信息时代下增强竞争力的源泉，也是企业实现人力资源向人力资本转变的重要路径。

智能时代班组的特征以人工智能的大规模应用为基础，随着智能机器逐渐大量替代人力，班组内部人机交互与融合将逐渐成为常态。此时，劳动密集型班组将变为科技驱动型、知识驱动型班组。团队中的每一位成员既是管理者，也是执行者，班组内部的沟通机制将由"一对一"转变为"一对多"或"多对多"。班组成员需要提升专业能力，共同打造一专多能、高效协同的班组员工队伍。班组需要有自我调节、自我适应、自我修复的能力。而组织需要不断寻找组织目标和个体目标之间的平衡点。企业需要弘扬工匠精神、劳动精神和劳模精神，以"尊重人、依靠人、发展人、为了人"提升班组凝聚力和感召力，激发员工的内生动力。班组管理的核心是为员工价值创造提供合适的工作环境，并通过营造和谐的工作氛围，加强尊重信任的价值认同，结合多样的激励手段，构建和谐的班组与成员的合作关系。

当前，班组正处在智能时代的初期，找准这个时代的变化特征，有助于新时期班组建设的推进。从员工在企业中的作用来看，员工依然是企业发展的坚强基石，但今天的员工不再是机器上的某一颗发挥单一作用的螺丝钉，员工不但要掌握很多实用技能，更要学会如何与人工智能等协同工作。从客户对企业的影响来看，客户群体发生了变化，需求趋向于多样化，部分人需要的不再是大规模工业化生产出来的产品，而是能快速满足其个性化需求的定制产品。从企业管理者角度来看，管理要求更高，内容更为复杂，由于当前员工对工作环境和职业前景的重视程度远高于收入，管理者需要同时化身为指导者和服务者，关注员工工作动力的激发，推动员工个人价值的实现。

> "世界上唯一永恒不变的就是变化本身"，但我们脚步匆匆，常常在无意中将其忽视。主动关注变化、顺应变化、引领变化，因为变化发展是一个永恒的主题。

第二节　新型电力系统扬帆起航

2021年3月15日,习近平总书记主持召开中央财经委员会第九次会议,提出深化电力体制改革,构建以新能源为主体的新型电力系统。建设与"3060目标"相适应的新型电力系统,是推动我国能源清洁低碳转型,助力碳达峰、碳中和的迫切需要,是顺应能源技术进步趋势、促进系统转型升级的必然要求,也是实现电力行业高质量发展、服务构建新发展格局的重要途径。

国家电网有限公司(以下简称国家电网或国网)于2021年提出,坚持"一体四翼"发展布局,推进高质量发展。高质量发展离不开新型能源系统的建设,而构建以新能源为主体的新型电力系统是促进能源转型的重要支撑。同年7月,国网浙江电力审时度势、顺势而为,提出了"建设国家电网新型电力系统省级示范区"的战略目标。

新型电力系统具有"清洁低碳、安全充裕、经济高效、供需协同、灵活智能"的五大基本特征,与传统电力系统的差异主要表现在以下几个方面。第一,从发电侧形态来看,将从以火电为主转向以风、光等新能源发电为主。在特征变化方面,从高碳电力系统变为低碳电力系统、从连续可控电源变为随机波动电源。第二,从电网侧形态来看,将从单一大电网演变为大电网与微电网互补并存。在特征变化上，从刚性电网变为灵活韧性电网、电网数字化水平从低到高。第三，从用户侧形态来看，将从电力消费者转变为电力"产消者"。在特征变化上，从静态负荷资源转变为动态可调负荷资源、从单向电能供给变为双向电能互济、终端电能替代比例从低到高。第四，从电能平衡方式来看，将由"源随荷动"转变为"源网荷储"互动。从自上而下调度模式变为全网协同的调度模式，从实时平衡模式变为非完全实时平衡模式。第五，从技术基础形态来看，将从以同步机为主的机械电磁系统变为以同步机和电力电子设备共同主导的混合系统，从高转动惯量系统变为弱转动惯量系统。

新型电力系统更加强调以"新能源"为主体，大幅提升光伏、风电等新能源发电的比例。截至 2022 年年底，中国太阳能装机占比 15.3%，风电装机占比 14.2%，水电装机占比 16.1%，核电装机占比 2.2%。中国到 2035 年左右新能源装机占比将超过 50%，2045 年新能源发电占比将超过 50%。高比例可再生能源叠加高比例电力电子设备的大量接入，带来两方面变化，主要体现为新能源和分布式电源大规模集中并网带来电源结构变化，特高压快速发展和配网有源化延伸带来电网结构变化。这些变化进一步催生众多新业态、产生很多新服务，也形成诸多新任务。班组作为公司的最小组织单元，工作任务最终都要落实和分解到班组，这些都对班组的管理适应性、业务精细度、风险管控度提出了更高的要求。在公司战略实施中，基层班组承担着推动战略实施的"桥头堡"角色，班组的发展基础、工作模式、执行能力，深刻影响着公司战略的推进效率和实施质量，夯实基层基础、建设高效执行的班组作业单元的重要性越来越凸显。

围绕新型电力系统建设目标，发挥基层基础"压舱石"作用的广大一线班组迫切需要创新变革和管理变革，跟上新形势、新任务，调整落后的、不相适应的生产流程和管理模式，积极满足先进生产力的发展要求，进一步提升自主管理能力，进一步拓展新型业务等素质能力，思考提供用户光伏接入、能效分析等解决方案，积极以高效、高质的优质服务、安全作业，为美好生活充电，为美丽中国赋能。

> 对电网企业而言，新型电力系统建设就是新发展目标。其对基层班组未来发展提升的影响不容小觑，需予以持续关注。

第三节　数字化转型加速推进

党中央高度重视发展数字化，将其上升为国家战略。党的十九大报告首次提出"数字化"目标，明确建设数字中国、网络强国、智慧社会等宏伟任务。党的二十大报告继续承接十九大报告中的战略目标，强调加快建设"数字中国"，从纲领层面回应"十四五"时期新的战略规划，坚定了我国走数字化道路的决策部署。

第一章　多重变化催生班组建设创新

国家电网紧跟"激发数字经济动能潜能，打造高质量发展新引擎"的时代潮流，积极响应数字经济和数字中国建设，深化应用信息化、数字化、智能化的新技术、新设备，积极发展新能源、储能和新型用电技术，推动以大数据、云计算、物联网、区块链为代表的数字技术与电网技术加速融合，以数字化为抓手赋能业务转型跨越，以数字赋能、协调转型为路径推动班组转型升级。

国网浙江电力紧跟数字化建设新征程，促进各业务领域数字化优化升级，将国家电网数字化建设的决策部署转化为具体实践。围绕公司数字化转型，深化建设数字化班组，将基层班组分为运检、营销、调控、基建、物资、信通六大类统一纳入管理，积极提升班组数智运用整体水平。

运检专业班组在装备智能化和业务数字化两个维度上进行创新突破。输电线路深度整合可视化装置、图像识别技术、无人机技术等先进技术，采用"立体巡检＋集中监控"模式，在线路状态监测及防外破隐患治理方面成效显著。纵深推进变电"两个替代"，通过应用自动控制、状态监测等智能技术手段开展变电站"一键顺控"和"远程智能巡视"。积极提升配网馈线自动化、配网智能开关等技术应用水平，打造高可靠配电网。广泛应用数字化支撑平台，数字化班组建设力争达到国网系统前列。

营销专业班组围绕业务数智化深化建设实施。开展业务数据融合，推进业务工单化、工单数字化、数字绩效化。开展数智供电所建设，明确业务自动化、作业移动化、服务互动化、资产可视化、管理智能化、装备数字化的建设目标。推动工单全要素联动，实现数字化低压工作票全覆盖。运行"i 国网""掌上数供"等数智运用，实施关键功能试点应用，深化业务场景中数字实用化工具应用，减轻班组负担，提升服务质效。

调控专业班组全面提升数智化应用水平。以电网运行实际需求为导向，积极探索"大云物移智链"等新技术在调度领域落地应用方式。深化"调度云"等平台建设，上线运行新一代调度技术支持系统，优化新型有源配电网调度体系。加强虚拟人工智能配网调度员的应用广度，提升 RPA（机器人流程自动化）技术和调度业务结合深度。应用先进信息通信、控制技术，不断提升电力系统可观、可测和可控能力。

基建专业班组大力实施"建设数字化"和机械化施工，推动从勘察、设计、项目、安全、质量、技术、造价、协调等方面实现全过程全方位数智化管控。数智赋能基建设计业务，广泛应用无人机航拍、智能设计等技术，提高源头设计的数字化水平。建设基建"天眼系统"，推广应用 BIM（建筑信息模型）技术，提高班组施工现场的状态感知能力。

物资专业班组提出"物资供应更智能"的建设口号。依托现代智慧供应链，积极打造智能化物资供应保障体系。深度应用操作机器人、可视装置、智能仪器、RFID（射频识别技术）电子标签等数字化装备，实现全业务、全过程可视可控。应用大数据分析技术开展家族性缺陷排查，强化物资资源协同管理机制。

信通专业班组在管理流程数字化和业务支撑自主化两方面重

点发力。通过借助先进设备、前沿技术持续强化信通专业基础，依靠数字化平台、自动化巡检、系统云化等技术实现班组提质增效。融合先进数字技术，提高对整体业务流的全景化感知和协同能力，提升班组业务数智管理能力。探索以电力数据为代表的能源大数据价值挖掘，提升班组价值创造能力。

> 变化无处不在，无时不在，管理在变化中转型升级，班组在变化中成长。回望班组建设来时之路，能够帮助我们把握对班组建设与班组管理提升的未来发展趋势。

第二章
班组建设发展历程

第一节　夯实基础阶段：开展达标班组建设

2010年，国家电网按照"统一领导、分级管理；统一部署、分步实施"的推进思路，下发《国家电网公司班组建设管理标准》，开展"创建先进班组、争当工人先锋号"活动。国网浙江电力将班组建设视为全局性、基础性的重要工作，从2010年起，成立了班组建设工作领导小组，研究布置、统筹组织落实，制定并实施《国网达标班组三年行动计划》，发布《浙江省电力公司班组建设管理办法》。通过明确各单位层级职责分工、班组管理内容、管理流程、奖惩责任及"基础建设、安全建设、技能建设、创新建设、民主建设、思想建设、文化建设、班组长队伍建设"八个考核项目和内容，扎实推进国网达标班组的建设与培育。

经过三年创建，国网浙江电力建立了"省市县"分级管理的成熟模式。各单位成立了班组建设工作领导小组和常设办公室，形成了"主要领导亲自抓，职能部门牵头抓，分专业落实推进，各单位具体实施"的行之有效的工作格局。建立了班组建设交流机制，每年围绕公司班组建设创建与发展，省、市公司分级举办班组建设论坛，开展"我与班组共成长""班组管理你我他""如何做一名优秀的班组长"等主题论坛，推广班组长先进经验，指导一线班组提升管理能力。从 2010 年起，每年汇编下发省公司先进班组和国家电网先进班组经验。2012 年编辑电子刊物《做一名优秀的班组长》，促进基层各班组学习提升。同时，搭建平台培养班组建设管理人员队伍，组织地市公司、公司直属单位管理人员参与国网达标班组创建工作的联合检查，推动班组建设现场学习交流，快速培养精通班组建设管理标准的骨干人员。

至 2013 年 9 月，国网浙江电力共发文命名了 2557 个"国网达标班组"，先后有 14 个班组荣获"国网公司先进班组"，13 名班组长荣获"国网先进班组长"称号，共评选出省公司级先进班组 300 个。在此基础上涌现出各级各类劳模创新工作室 157 个，在班组中起到了较好的示范引领作用。

第二节　精益发展阶段：推进班组星级创建

自 2013 年起，国网浙江电力在达标管理的基础上，全面开展专业化星级班组创建工作。该阶段的核心是导入标准化管理、量化评定的思路，围绕国家电网"十二五"班组建设再提升工程，树立了"以人为本、规范高效、创新发展、整体提升"的工作理念。按照"严细实新"要求，发布了《国网浙江电力公司专业化星级班组建设标准》，形成以"通用+专业"管理评价标准为主体、融合班组硬件设施建设的专业化星级班组模块化组合的评价模式，构建了省市县、职能部门和专业部门横纵向协同的"三维管理"体系，健全了六大专业细化考评内容，构建了班组动态管理与激励机制。

通用考核以国家电网《班组建设管理标准》和《班组建设评分表》为标准并补充相关评价内容，适用于所有班组。主要在班组国网达标建设基础上，对各班组共性管理提出考核评价要求，包含班组基础、安全、技能、创新、民主、思想、文化、班组长队伍八个方面的管理内容和评价标准、考核分值，总分100分，部分内容如表2-1所示。专业考核以运检、营销（农电）、基建、调控、物资、信通六大专业为单元，重点根据班组业务特性细化为36个细分专业，进一步明确了各专业建设管理内容和工作要求、评价分值。

表2-1 班组建设通用标准框架

考评项目	考评内容	标准分	小计
基础建设	岗位及人员设置	2	20
	工作过程管理	6	
	资料管理	4	
	信息化管理	3.5	
	文明管理	4.5	
安全建设	安全目标及责任制	6	20
	安全管理	8	
	反违章工作	6	
技能建设	培训管理	4	10
	岗位实训	4	
	激励措施	2	
创新建设	"创争"活动	4	10
	群众性经济技术创新活动	6	

续表

考评项目	考评内容	标准分	小计
民主建设	民主管理制度落实	7	10
	民主监督与建言献策	3	
思想建设	班组党的建设	6	12
	班组思想动态管理	6	
文化建设	宣传文化阵地载体建设	4	8
	和谐的氛围和创先争优活动	4	
班组长队伍建设	班组长选	5	10
	班组长培养	5	
合计		100	100

"专业+通用"量化考核模式，既明确了班组基本工作事项、流程、方法，对班组共性管理的基础性技术和管理工作进行了统一规范，又融合并承接了职能部门的专业要求，推动了各管理层级和有关职能部门按照职责分工协同联动，共同做好班组管理建设，不断提升班组管理水平。硬件设施必备条件的条款要求，推动了各基层单位对班组生产、生活设施改善与重视，也增添了班组建设人性化管理的温度，突出了以人为本的核心。

2016年，国网浙江电力发布了《浙江省电力公司"十三五"班组建设再提升工程实施方案》，以及《关于进一步加强班组建设若干工作意见》，明确班组建设管理体系、标准体系建设及专业班组提升方案。人资、营销、运检等主要专业部门编制《一线员工作业一本通》口袋书并出版发行，方便一线员工学习。同时《基层供电所企业文化建设实践应用指南》《乡镇供电所精品台区建设与管理》等系列具有现场可操作的指导性文件，进一步指导基层班组团队文化建设和现场设备管理。通过专业化星级班组的创建，基层班组长拥有中级及以上技能等级和职称的人员占比大幅提高。

第三节 标杆引领阶段：创新精品典型班组

2017年起，国网浙江电力在星级班组创建五年历程的基础上进一步创新与突破，在一批优秀班组中投入"人财物"资源要素，开展精品典型班组培育建设，发布《国网浙江省电力公司精品典型班组建设实施意见》，细分智能型、复合型和学习型三类考评模式，建立了"能上能下""携手联建"系列工作机制。从精细管理、标杆典型、作风向上、配强班组长四个方面对五星级班组进行重点提升，发挥精品典型班组以点带面的作用，引领同类班组从传统的"作业执行单元"向新时期"价值创造单元"发展。

在精品典型班组建设的过程管理中，突出精准评价和资源整合。延续星级班组量化管理和精准评价的做法，围绕"内质外形建设、班组长风貌、班组提质增效、专业技术能力、基础管理水平"等维度，以"专业+通用+精品"模块化形式搭建评价框架，实现对专业管理的资源整合。精品典型班组"精品模块"现场量化考评同样采用满分为100分的量化评价方式，部分评分框架如图2-1所示。

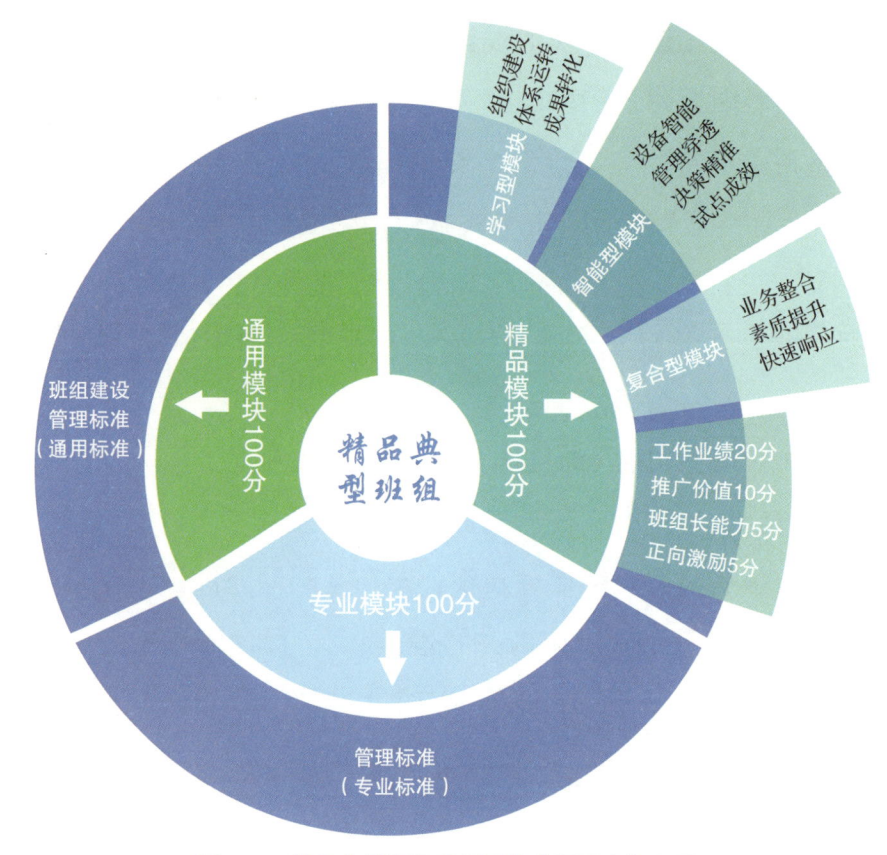

图 2-1 精品典型班组现场量化考评要点框架图

　　在推进过程中，强化典型引领和机制创新。坚持"创新激励、思想引领"，建立了精品典型班组创建体系。精品典型班组的培育对象，必须是具备五星班组称号的省级优秀班组。在班级创建内容上，引导班组建设成为具备"班组管理能手、技能带头人、技术工匠"的优秀人才孵化中心。在推进过程中，创新三项机制，实施"能上能下"机制，"能上"就是把好质量关，突出班组"专业专注、效率效益、敏锐敏捷"；"能下"即实施一票否决制，严守安全、遵纪等底线。建立"重点突出、评价量化、联合督导、飞行检查"复评机制。"携手联建"机制,将地域相近、专业相似的同类班组组织起来开展互助学习,共同提升。助力精品典型班组发挥"强化优势、突出典型、敢亮身份、担当作为、争先示范"的应有作用,充分发挥以点带面的积极作用。

至2021年,国网浙江电力分批培育选树了31个精品典型班组,覆盖六大专业,成为各专业班组的"领头羊"。以31个班组作为优秀班组培育库又先后培育了多个"国网公司工人先锋号",形成了诸多班组建设典型经验,有效发挥了以点带面的作用。在首届中国电力班组建设创新创效案例比赛中,5个精品典型班组建设经验从全国1128个优秀项目中脱颖而出,获评一等奖和二等奖。国网浙江电力随之推出的"班组携手联建"举措让28个班组开展跨专业联建,形成了良好的互助促学的氛围。

在班组创先争优的过程中,国网浙江电力以20项举措,实现了公司"减负提效增活力"。国网浙江电力党委通过并发布《中共国网浙江省电力有限公司委员会关于公司班组"减负提效增活力"的工作意见》(浙电党〔2019〕60号),班组减负直接体现了各项管理的成效,折射出管理人员的工作作风,相关专业职能部门责任明晰到位,20项举措体现了国网浙江电力把工作做细、做实和"钉钉子精神"。删繁就简,最大限度提升了各层级的精益管理。精简文件会议与检查,优化班组在用信息系统,执行班组无会日,杜绝班组人员陪会等现象,最大限度减少班组管理中冗余、重复的部分,腾挪出班组精力,释放出基层的活力。将腾出的时间和精力用于安全生产、优质服务、创新创效,产生更大的效益，相关工作经验在国网工会基层班组减负工作座谈会上作交流。期间，一批数字化实用工具相继投入使用，如人资专业开发了 20 个工作场景的班组长 3D 仿真教学系统和 6 项班组情景推演课程包；运检专业开发了输变电巡视、检修等 9 款移动 App，基建专业初步建成的"互联网＋电力建设"等相关系统。2020 年，国网浙江电力又在国网系统出台首个产业单位班组建设工作指导意见，一系列工作得到上级部门"准、实、活、新"的充分肯定。

> 十年磨一剑。精细化管理深入基层，相关量化评价标准渐成体系，新时期班组建设系统化管理水到渠成、呼之欲出，这是一个从量变到质变的过程。

第三章
新时期班组建设探索实践

第一节　新时期班组建设引发的思考

常言道，"他山之石，可以攻玉"。要加快推进中国式现代化省域电力先行，需要对当前世界知名企业成功之道有所了解，希冀"见一叶而知深秋，窥一斑而见全豹"。全球经济管理类畅销书《追求卓越》分析认为，保持基业长青的企业具有八大特征，包括：崇尚行动、贴近顾客、自主创新、人才培养、价值驱动、坚持本业、精兵简政、宽严并济。国网浙江电力汲取世界知名企业基础管理尤其是班组管理的精华与提升策略，对班组建设应该具有的宏观思维和方法体系进行研究。

一、班组建设应具备怎样的宏观思维

班组作为企业最小的组织单元是落实企业战略的"桥头堡"。根据"上下同欲者胜"的观点，班组建设要取得预期成效，必须在两个方面达成高度一致，其一是上级公司如何指导服务基层班组建设，其二是基层班组自身如何切实开展班组建设工作，两者相辅相成。因此，班组建设的各项工作要实现与公司目标同频共振、高效执行，至少应树立三个宏观思维。

首先，对基层班组予以充分信任和赋能。无数企业管理实践证明，上下级之间的信任是提升管理效益的坚强基石。缺乏信

任容易出现"上有政策，下有对策"。审视企业各类管理信息系统可以发现，程序很规范，成效不一定能完全体现，容易造成敷衍塞责的情况发生。例如，利用 GPS 定位功能监督巡视人员严格按规定线路进行巡视，但不能完全确保巡视是否认真并及时发现安全隐患。其实，借助信息系统沉淀的相关数据，加以回溯分析，完全可以判断巡视人员是否认真巡视。因此，以结果为导向，以事实为依据，才是基层管理的正确方法。与信任直接相关的还有放权赋能，在良性的管理实践中，做好合理监管和尽量放权的平衡将对激发基层班组活力产生巨大作用，避免"一统就死，一放就乱"。员工的主动性和积极性只有被充分调动起来，班组的职责和工作才能真正得到践行，这方面华为等世界知名企业都给出了很多好的例证。

其次，将指导与服务作为重要措施。对基层班组而言，最关键的任务是紧跟上级既定的战略方向，及时准确落实各项重点工作。但要确保方向不偏、方法正确并非易事，需要相关的指导与服务。指导与服务的内容包括完整的方法论体系，选择优秀班组打造"样板房"，经常性地指导其他班组学习其成功建设之道，做到得其"神"，汲取成功经验与做法。

最后，深刻认识激励机制蕴含的巨大作用。俗话说，"钱不是万能的，但没钱是万万不能的"，管理不能一味要求员工奉献且不计报酬。如果没有公正的评价与合理的回报，那么奉献必定不可持续。这也符合管理学所提出的，每个人兼有"经济人"和"社会人"的双重属性的结论。按需求层次理论，只有在低层级的需求得到满足后，人才会产生更高层次的需求，包括自我实现的需要，获得成就和实现理想。通过对基层班组调研发现，物质激励仍是一项重要措施。在现有管理体制下，若在班组内部强推"零和游戏"（即博弈各方的收益和损失相加总和永远为零），那么注定不会成功。因为"大锅饭"现象不仅容易挫伤优秀员工的积极性，而且容易导致"懒人更懒"现象。通过适当增加工资总额和合理的二次分配，在班组内部逐渐建立正向的、公平公正的有效激励机制，才能保障广大班组的建设与管理成效不断跃上新台阶。

> "抬头看天，低头走路"，明确班组建设需要具有哪些宏观思维，就是"抬头看天"，确保方向的正确。深入的思考研究与管理实践，为班组建设方法体系的科学构建打下扎实基础。

二、班组建设应如何构建科学的方法体系

做好班组建设是企业管理的重要内容之一，无数的企业兴衰成败证明，班组强则企业强，这说明班组建设在企业成功中的重要作用。因此，构建科学的班组建设方法体系就显得尤为重要。特别是对大型企业而言，构建班组建设方法体系最重要的是回答三个根本性问题，一是基层班组应该干成什么样子（建设目标），包括未来班组的终极定位是什么，二是基层班组应该干什么（建

设内容），三是基层班组应该怎么干（建设方法），如图 3-1 所示。

> 干成啥？
> ➤ 明确中长期班组必须具备的鲜明特征，引领班组沿着正确的方向前进
> ➤ 结合企业的实际情况，思考班组的终极定位

> 怎么干？
> ➤ 正确看待宏观与微观的辩证关系，切不可机械执行
> ➤ 牢固树立成效导向，强化量化思维

> 干什么？
> ➤ 考虑短期和中长期如何平衡
> ➤ 以问题为导向，正视现实问题
> ➤ 借鉴世界知名企业的成功之道

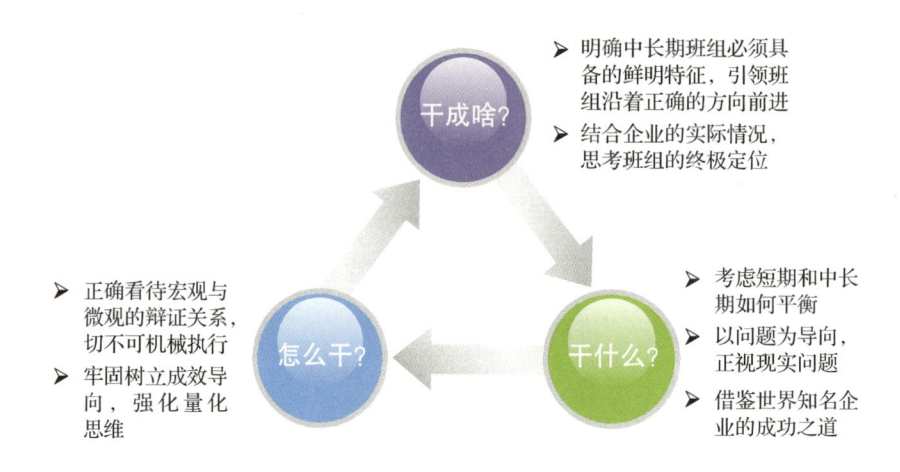

图 3-1　构建班组建设方法体系需要思考的根本性问题

在明确建设目标方面，要注意区分此处所说的目标并不是短期内某些具体工作的目标 [须符合 SMART 原则，即具体（Specific）、可衡量（Measurable）、可达成（Attainable）、相关（Relevant）、有明确时限（Time-bound）]，而是从中长期而言，班组必须具备的鲜明特征，能够始终引领班组沿着正确的方向不断前进，主要立足当前，对可以预见的未来进行预判。基于《班组进化论》中"在工业智能推动下的'生命体'班组，具备了自我驱动、价值创造、智慧分析、资源响应、创新创效等特征"的描述，结合企业实际情况，思考班组终极定位，明确最适合自身实际的未来班组方向。

在确定建设内容方面，首先，要考虑短期和中长期如何平衡的问题，参考重要性和紧迫性两个维度，重要且紧迫的事项固然应该优先考虑，重要但不紧迫的事项也应加以重视，要密切关注

未来的变化趋势，要具有一定的前瞻意识，始终将可持续发展放在第一位。其次，要以问题为导向，正视当前班组管理中存在的实际问题，尤其是一时难以解决的瓶颈、矛盾，创造有利条件逐步加以解决。再次，要树立目标导向，借鉴世界知名企业的成功之道，班组建设的日常决策均以能否提升核心竞争力、能否促进可持续发展、能否高效执行为具体评判依据，聚焦主责主业，充分发挥专业优势和班组特色。

在应用建设方法方面，要在加强闭环管理、实现持续改进的基础上，深入思考两个核心问题。一是要正确看待宏观与微观的辩证关系，既要仰望星空、胸怀大局，又要脚踏实地、爱岗敬业。战略方向以上级公司确定的重点任务为准，落地实施上因地制宜、有所侧重。切不可"埋头拉车"机械执行，要讲究方式方法，并在执行过程中提升员工的职业自豪感和成就感。二是要牢固树立成效导向，将量化思维贯穿于班组建设全过程，特别是在策划阶段就需要认真思考未来能取得什么成效，这些成效能通过哪些量化指标来衡量等问题。唯有如此，成效评估和激励机制才有坚实的基础。

第二节　班组现状全景分析及愿景目标

一、全景分析

为了更好地服务基层班组，国网浙江电力深入开展班组现状全景分析。其主要做法是组织专家团队针对六大类典型班组，分析不同专业班组的主要职能、核心特点及面临的形势和挑战，这里分别予以介绍。

（一）专业班组的主要职能

运检班组的主要职能。根据电网输电、变电、配电设备的特点和运行规律，通过主动运维保障设备运行风险可控、能控、在控。依据设备寿命周期和运行情况，有针对性地开展技改、大修，保障技术可靠，延长设备使用寿命。应对设备故障等突发事件，开展应急处置，确保在最短时间和范围内隔离设备故障点，保障电网稳定运行。

营销班组的主要职能。按照国家法律法规和国家电网公司有关规定，向客户提供业扩报装、电费抄核收、综合能源等服务。做好与社会、政府、企事业等各类客户的沟通协调，依托现代营销服务体系提供可靠、高效、优质的电力保障。维护供用电秩序，落实客户侧电气设备统筹管理，改善客户供用电设施设备运行状况，保障客户安全用电。

调控班组的主要职能。保障电网连续稳定、安全运行，保证供电可靠性，实施"公开、公平、公正"调度。按最大范围优化配置资源的原则，实现优化调度，充分发挥电力系统的发、输、变、配电设备能力，最大限度地满足用户用电需求及新能源消纳。按照电力系统运行的客观规律和有关规定，组织、指挥、指导、协调所辖电网的运行、操作和故障处置及监视监控范围内的相关设备和信息。

基建班组的主要职能。围绕工程建设这一核心任务，提升标准化施工水平，应用机械化施工等创新手段，安全、优质、按期完成建设任务目标。严格落实工程建设相关要求，涵盖基建设计、施工、监理等细分领域，实施科学设计、优质施工和高效监理，确保工程设计和施工质量符合标准，努力创建精品工程。从勘察、设计、项目、安全、质量、技术、造价、协调等方面实现全过程全方位数智化管控。

物资班组的主要职能。为电网建设及运行提供平稳的物资供应保障，通过现代信息技术在业务场景中的应用，实现业务精益化管控。提供高质量物资保证，在物资采购前、制造中、到货后开展全景质量管理。通过打造现代智慧供应链体系，持续提升物资工作质效，实现公司提质增效。

信通班组的主要职能。做好电力信息通信系统运行、检修、客户服务和数据服务，以调运检体系规范信息通信运行。承担重大信息通信系统保障、应急处置，保障信息通信系统安全稳定运行。承担网络安全在线监测，保障网络安全"四个不发生"。

（二）专业班组的核心特点

电网企业班组在保证电网安全可靠经济运行中具有举足轻重的作用，各专业班组具有很强的关联性、专业性、创新性。国网浙江电力班组建设在"十四五"期间将更加注重知识、技术、管理、数据等要素的发展，奋力推动班组建设迈上新台阶、实现新跨越。

运检班组的核心特点。一是设备导向型。运检班组的核心业务为电网设备运维检修维护，设备智能化应用水平逐步提高。二是技术导向型。班组大力推广使用机器人、无人机等设备进行人机协同甚至机器代人操作，以实现精准快速抢修。三是安全导向型。班组严格按安全规定和标准化运维检修流程开展作业。

营销班组的核心特点。一是要求响应快速。紧贴客户需求，运用电力大数据应用等手段辅助支撑政府决策、响应客户需求。二是要求执行有力。严格贯彻执行国家法律、法规，以标准化的办电和作业流程提供电力保障服务，不断优化电力营商环境。三是要求服务贴心。不断创新服务模式，通过"线上＋线下""实体营业厅＋网上国网 App"的双维度新型营销服务模式，满足客户多样化用电服务需求，提高客户满意度。

调控班组的核心特点。调控班组直面电网运行可靠性，要求成员具有非常高的技能水平和心理素质，需掌握各生产类专业的基础业务知识，熟悉设备特点，在应对各类情况时具有"严、准、谨、稳"的特点。一是执行严。规章制度、调控纪律、操作指令执行的"严"。二是调度准。电网风险分析及预控、反应判断、电力精益化调度的"准"。三是操作谨。调控方式调整及倒闸操作的"谨"。四是技能稳。技能水平和心理素质的"稳"。

基建班组的核心特点。一是班组作业专业性强。高风险作业多，涉及基建"安全、质量、进度、技术、造价、队伍"六要素，知识储备范围广。二是工程建设周期长。项目的投资额度一般较大，建设周期较长，通常项目施工时间跨度从一年到三年不等，有的甚至更长，因而项目投资回收的周期相对较长。三是班组作业环境复杂。需要准确识别现场安全风险，掌握安全强制措施，高标准按图按时高质完成施工任务，积极应用机械化等创新手段提升施工效率，压降施工风险。

物资班组的核心特点。一是多元主体。物资专业班组成员各有特长，计划采购、供应质量、仓储配送等不同人员均在各自专业领域上有所侧重，以多元化知识和技能解决复杂供应链问题。二是多头管理。物资班组需要根据电网建设、运维、抢修等不同场景，统筹利用各类资源满足公司生产运行的物资需求。三是多目标值。物资班组根据公司提质增效、优化社会营商环境、能耗双控等目标，面对多维度的指标评价，通过采取具体、可实行的多种举措，达到预期结果。四是多环节交织。物资班组将商流、物流、资金流、信息流高效融合，通过解决多环节交织的难题，实现平稳、高质量采购供应。

信通班组的核心特点。一是技术型班组。信通班组的业务多为技术密集型，通过借助先进设备、前沿技术持续强化信通专业基础，依靠数字化平台、自动化巡检、系统云化等技术实现班组提质增效。二是学习型班组。班组日常工作要跟上互联网技术迅速发展的趋势，信通专业人员需要不断适应信息通信技术的更新迭代。三是创新型班组。班组需持续保持技术创新，推进先进技术实用化，以满足新业务、新业态需求和适应数字化改革进程。

(三) 专业班组面临的形势和挑战

1. 运检班组

随着输配电价改革的深入推进，电网固定资产相关的折旧费用、运维检修费用等所占比重大幅提升，如何有效提高运维检修效益、降低折旧费用已成为成本管理的重点。原有设备运检管理模式不能满足分电压等级核定输配电价的需要，必须加强设备精益化管理，实现降本增效。运检班组面临的难点主要体现在如下四个方面。首先，核心业务能力存在弱化趋势。急需通过全业务核心班组建设，全面提高主业人员主责履职能力，构建"作业自主、安全可控、技能过硬、创新高效"的设备运检队伍。其次，运检工作面临较大的安全压力。输变配设备的老旧、输电线路的外破压力、变电站周边隐患、新能源的大规模接入等因素影响着班组运维设备的安全可靠性。再次，运检新技术的应用有待进一步深化。虽然机器人等各种智能运检技术不断涌现，但班组受制于各类技术，实用化水平还不够成熟，未能形成合力助推班组作业效率提升。最后，运检班组队伍的核心竞争力有待进一步提升。班组人才队伍结构性缺员情况仍然普遍存在，班组人员中坚力量不足，高技能人才稀缺。

2. 营销班组

随着优化电力营商环境新形势、新任务，电力市场化改革和新型电力系统建设持续深入，营销班组作为对外窗口，是客户服务的最前沿。营销班组的建设及发展主要面临如下三个方面的新形势。首先，售电市场化改革迈入新阶段。自2022年起，浙江省中长期交易由年度单次交易进入年度、月度，甚至月内多轮交易，现货市场也由单边进入双边，由短周期走向长周期甚至连续结算运行，对营销班组服务内容、队伍能力素质及工作效率提出新的要求。其次，营销新业务发展亟需新技术。"十四五"期间，受国家政策驱动，电能替代、清洁能源、能效服务、储能等业务必将加速发展，当前公司适应新时代供电服务、能效服务的技术、设备储备不足，数字化水平不高，需加强营销班组在精准营销、风险管控、标准体系方面的构建。最后，专业基础性管理面临新挑战。营销班组作为对外服务和基础管理的重要组成部分，在推动公司高质量发展中承担着重大责任，随着班组业务的发展变化，管理专业的不断深化细化，高质量目标对营销班组的基础管理提出更高要求。

3. 调控班组

随着电力市场改革的不断深入、清洁能源消纳的服务升级和配网调控的管理延伸，调控班组面临的新形势主要体现在如下三个方面。首先，调度对象急剧增加、调控决策日益复杂。在"3060"双碳目标的大背景下，新型电力系统的构建推动新能源、微电网、互动式设备大量接入，电力系统"双高""双峰"特征进一步凸显，电网功能结构、运行特性发生深刻变化，电力平衡和运行控制的难度逐年增加。其次，电力改革对优化调度组织模式提出更高要求。增量配电市场扩大、多元化主体进入、现货市场加快推进，对班组管理和调控运行组织方式、管理模式、机制流程都提出了新的要求。最后，公司战略目标落地需要先进信息技术与调控技术融合发展。近年来，互联网技术进入工业领域发展迅速，先进信息技术与调控班组技术融合充分发展，推动调控班组向数字化、自动化、智能化转变，成为时代赋予电网调度的重大任务。

4. 基建班组

随着电网向能源互联网转型升级及构建以新能源为主体的新型电力系统战略目标的深化落地，基建专业面临复杂多变的形势和前所未有的挑战，主要体现在如下四个方面。首先，基建外部环境形势日趋复杂。面临电力供应持续紧张、亚运会等重大活动保电任务繁重、"能耗双控"导致物资供应偏紧等多重困难。其次，基建安全管理形势依然严峻。"十四五"期间，白鹤滩特高压直流等重大工程集中开工建设，各类跨越铁路、高速及带电线路等高风险作业数量不断攀升，对安全管理带来更大的压力和挑战，需切实采取有效措施加强施工队伍的安全管理。再次，基建队伍力量有待增强。持续增加的建设任务将进一步摊薄有限的建设资源，电网建设的高标准、严要求与基建队伍力量相对不足、日趋老龄化的矛盾将进一步凸显。最后，基建发展亟需激发内生动力。应充分认识创新攻坚工作的紧迫性，绿色建造工作的重要性及质量提升的必要性。

5. 物资班组

在国家以供应链创新应用推动供给侧结构性改革的背景下，在推动公司战略落地、能耗双控、电力保供、新型电力系统省级示范区建设中，物资班组面临着复杂多变的内外部发展形势，主要体现在如下三个方面。首先，亟需融入地区发展战略。随着地区发展对电能需求的逐步增加，区域电网建设和电网平稳运行提出更高要求。物资班组应提高应急物资管理效率，实现市县一体应急物资快速保障，形成基于智慧供应链体系的应急物资保障机制。其次，亟需融入公司"新型电力系统省级示范区""多元融合高弹性电网"建设。以公司战略目标为引领，积极争取各方支撑，从体制、机制、管理上发力突破班组管理，探索研究班组在"加快构建支撑新型电力系统省级示范区、多元融合高弹性电网快速建设的物资管理新模式"情况下的转型升级，全方位提升物资班组工作质量、效率和规范化水平。最后，亟需融入数字化改革。公司供应链数字化建设起步早，以物流汇聚的供应链涉及专业多、单位多、系统多、数据多，但供应链智慧运营从点线突破到全面整体推进上，还需要优化完善物资班组机构、打破专业系统壁垒，全面发挥班组"智慧中枢"作用。

6. 信通班组

新型电力系统对可观、可测、可调、可控能力提出更高的要求，迫切需要通过能源技术和数字技术深度融合来实现。进入数字化牵引的新阶段，传统信息系统全面云化和移动化，内外网业务交互日趋频繁，智能化应用驱动公司高质量发展成为主流，由此对信通班组的建设及发展提出了更高要求。信通班组面临的新形势主要体现在如下四个方面。首先，信通业务保障面临空前压力。数字化牵引新型电力系统建设，能源大脑、终端感知、数据汇聚接入等创新运用均需坚强的信通网作为有力支撑，信通班组的运维压力大幅度提高。其次，信通业务数智化水平亟待强化。企业数字化转型不断推进，以电力数据为代表的能源大数据的价值挖掘、数字赋能快速推进，导致信通班组现有的业务管理模式难以适应新形势的工作需求。再次，业务平台自主性有待提升。信通班组协同作战能力有待进一步加强，班组存在一定程度的数据孤岛和数据浪费，信通技术自主研发能力未能与业务需求紧密结合，限制了班组核心业务支撑水平的提高。最后，信通新技术专业人才储备有待加强。面向新业务新业态的技术没有足够储备，能驾驭大型信通系统和复杂网络的人才欠缺，部分班组队伍结构不合理，班组队伍建设工作迫在眉睫。

> 大型企业班组种类多、专业差异大，深入分析不同专业班组的主要职能、核心特点及面临的形势和挑战，对提升愿景目标、策划具体建设内容意义重大。

二、愿景目标

结合当前面临的形势和挑战，进一步明晰专业班组建设的愿景目标。国网浙江电力针对六大类班组分别加以明确，确保基层班组的前进方向与公司的战略目标要求一致。

（一）运检班组建设的愿景目标

"十四五"期间，着眼于推进全球能源互联网和运检班组发展，主动适应"互联网+"和智能电网发展，深化智能运检发展模式和核心业务能力建设，推动现代信息通信技术、新兴智能技术与设备运检的高度融合。运检班组建设的愿景目标如下。

队伍专业化。核心专业班组的业务能力显著提升，设备主人制全面落实，运维"全科医生"、检修"专科医生"队伍全面建立，班组技师及以上比例大幅提升，建立健全绩效考核和奖惩机制，班组队伍保障作用显著增强，全业务核心班组建设经验得到有效应用。

装备智能化。电网设备与先进传感、信息通信、自动控制等技术深度融合，设备广泛互联，状态深度感知，风险主动预警，班组各专业均应用智能装备。机器人、无人机等智能装备广泛应用，智慧变电站、智慧线路全面建设。

业务数字化。数字化支撑平台高效运转，应用覆盖全业务、全流程、全场景，生产作业在线化、移动化、透明化，实现设备状态智能研判、现场作业精准管控、管理决策协同高效，数字化班组建设达到国家电网系统前列。

（二）营销班组建设的愿景目标

"十四五"期间，营销班组要坚持战略引领、市场导向、以客户为中心，以"夯基础、严管控、勇创新、寻突破、提效率"为工作主线，加快建设数智营销服务体系。营销班组建设的愿景目标如下。

管理协调化。充分发挥供电所管理综合协调机制作用，供电服务公司运作模式优化、管理职能增强，供电所员工队伍技能、技术和素质水平显著提升。深化供电所各项减负赋能增效举措，促使新时期供电所管理水平和服务能力不断提高。

业务数智化。推进基层班组专业信息系统的业务数据整合，突破系统数据壁垒，实现业务工单化、工单数字化、数字绩效化，建立健全工单效薪联动体系。推动营销班组全业务、全流程数字化管理，实现业务自动化、作业移动化、服务互动化、资产可视化、管理智能化和装备数字化，提升服务质效。

服务精准化。全面优化业扩报装、电量电费、计量采集等业务流程。深化"供电＋能效服务"，推动消费侧能效提升。深化电力大数据应用，推广"碳效码""乡村振兴电力指数"等数字产品，精准服务电力客户，营销班组的精准化、个性化服务能力显著提升。

（三）调控班组建设的愿景目标

"十四五"期间，调控班组将坚守电网运行安全底线，支撑传统电力系统向新型电力系统转变，不断提升电力系统运行效率，对标国际领先水平。调控班组建设的愿景目标如下。

高度适应电网发展新形态。适应源荷互动交直流柔性互联的电网新形态，由大电网一体化集中控制模式为主逐步向大规模分散式控制转变，构建新能源发电及柔性负荷预测、秒级调控等各类各级班组生产管理模型，切实提高电力平衡、新能源消纳、故障处理和应急处置水平，为电网安全低碳发展奠定坚实基础。

生产组织体系高效协同。实现电力生产组织由计划模式向市场模式的深刻转变。完善电力市场机制下的电网运行组织方式，全方位建立主配网协同调度机制，全面实现"电网一张图、调度一张网"的班组间高效协同生产组织体系，推动电力市场建设。以清单式管理理念助力"大数据运用、人工智能技术"落地，加强协同互动，全面提升整体调控业务水平。

数智化应用水平全面提升。依托数字技术革命与能源技术革命相结合，推进市场化的高效精益管理与技术创新，以电网运行实际需求为导向，积极探索"大云物移智链"等新技术在调度领域落地应用方式，以"调度云"等平台建设为契机，不断推动先进信息通信、控制技术与调度深度融合，打造生产班组级态势感知、主动防御技术体系，提升电力系统可观、可测和可控能力。

（四）基建班组建设的愿景目标

"十四五"是公司向战略目标阔步迈进的关键五年，是基建班组建设与发展的关键五年。基建班组以安全稳定为前提，以高质量建设为基础，以完成年度任务为重点，以创新攻坚为动力。基建班组建设的愿景目标如下。

建设数字化。抓牢设计龙头，推动"数字化减人，机械化换人"。建设基建"天眼系统"，提升班组施工状态智能监测水平，全面推广绿色建造模式。

施工模块化。积极开展基建班组科技攻关和班组创新设备工法研究，开展模块化工程，推行工厂化加工、机械化施工、装配式建设，实现班组作业现场"零焊接、零叠装、零涂刷、少湿作业"。

作业合规化。打造班组作业现场标准化临时党支部，深化"党建+"建设，提升"事前、事中、事后"基建风险管控力。

队伍专业化。组建"施工骨干+新型装备"机械化施工班组，提升基建核心业务管控水平。实施作业层骨干队伍三年专项培训计划，做强一线施工力量。施工队伍能力建设和安全管理达到精益水平。

（五）物资班组建设的愿景目标

"十四五"期间，物资专业以提供"好设备、好服务、好环境"为目标，以打造行业引领的现代智慧供应链为抓手，推进物资班组在供应质效、仓储能力、运营水平等方面取得进步。物资班组建设的愿景目标如下。

物资供应更智能。以现代智慧供应链为载体，打造智能化物资供应保障体系，构建实物资源协同管理机制，建成履约全业务全过程可视可控，加强"平战结合"应急供应体系建设，统筹供应链资源配置和服务，提供更高水平的物资服务保障。

仓储服务更专业。强化仓储服务专业化核心能力，加速推进从传统日常仓库保管向提供优质、高效的柔性综合物流服务转型。通过强化建设标准化、运营规范化、评价制度化、服务品牌化四大能力建设，夯实公司物资基石。

供应链运营中心实用化。有效推动供应链数据与各专业的数据协同、共享共用，充分利用现代智慧供应链建设成果，实现"用数据说话、用数据管理、用数据决策、用数据创新"。

（六）信通班组建设的愿景目标

"十四五"期间，信通班组应在健全信通关键支撑服务、推动管理流程数智引领、提高业务发展协同水平、优化信通技术班组队伍等方面取得突破。信通班组建设的愿景目标如下。

核心业务精益化。深化数据班组建设，结合"大云物移智链"技术，构建信息通信骨干支撑网络，优化数据资源的安全获取和可靠流动，为新型电力系统省级示范区建设夯实信息通信与网络基础。

管理流程数字化。以信通服务管理体系建设为指导，重点厘清信通班组业务流程，探索信通班组新业务新业态，通过数字化平台实现管理流程线上化、透明化、标准化。

业务支撑自主化。融合先进数字技术，提高对整体业务流的全景化感知和协同能力，提升班组业务数智管理能力，打造以创新实践和自主研发为抓手的核心班组，建立以业务价值为导向的班组队伍评价标准。

人才队伍专业化。坚持"核心技术掌握于我"的原则，建立复杂网络、数据运营等专业柔性团队，结合公司特色、积极参与创新，着力培养既懂业务又懂技术的复合型班组队伍。

> 职能部门确定专业班组建设的愿景目标，可以确保基层班组有的放矢，根据自身实际情况精心策划具体的建设内容和年度计划目标。

第三节　新时期班组建设探索举措

自 2010 年起，历经十余年持续不断的班组建设探索，国网浙江电力积累了丰富的理论成果和实践经验。早在 2021 年，习近平总书记就在中央财经会议上提出构建新型电力系统。面对新业态出现和新模式涌现，规划设计、调度运行、运维检修、营销业务等已发生深刻变化。

为开创班组建设新局面，激发班组内在动能，克服基层班组人员老龄化、核心业务结构性缺员、复合性技能人才缺乏、蓝领队伍发展通道狭窄等抑制企业发展的瓶颈问题，国网浙江电力在2020年完成现代班组课题研究后，2021年以"摸实情、抓关键、出实招"为出发点，导入现代科学方法，基于精品典型班组建设，探索"前瞻式分析、清单式管理、螺旋式提升"三个途径，从六大专业中人数最多、规模最大的两个专业（运检、营销）中选取变电运检和供电所，进行现场调研。为推进班组减负赋能，对供电所移动终端和信息系统等问题开展专项调研，现场访谈150人次。坚持"抓关键、重核心"，进一步夯实基层基础，推动班组挖掘"核心业务、激励机制、数智运用、队伍建设""四个关键"，紧扣班组"人员、专业、管理"要素，促进班组加快实现自主管理、自我提升、持续改进，推进公司班组管理精益化水平不断提高。

一、锁定痛点难点

为了更好地服务基层班组，国网浙江电力决定深入班组一线开展深蹲调研，考虑到运检班组与营销班组占国网浙江电力班组总数的50%以上，而变电运检班、供电所是上述两类班组中各自占比最高且最具有代表性的,调研小组在调查研究过程中重点选取高压运检班员工、供电所所长、供电服务站站长等进行座谈,收集班组管理提升存在的主要痛点、难点和一线班组赋能的呼声,研究提出相关改进建议。

以供电所为例,调研发现相关班组反映的问题主要集中在三方面。一是移动终端和信息系统性能不稳定、功能不全,影响日常工作的效率。二是部分班组人员老龄化和结构性缺员现象较为突出,且新员工难以独当一面,班组现场作业的实际人力有断层现象,需上级单位给予一定人力资源的政策加以解决。三是95598客户投诉管理等用户侧业务要求缺乏柔性,给基层带来较大压力,协调处理需要花费较多的时间和精力,也影响员工的工作积极性。

此外,还有两个问题与班组未来发展趋势有关。一个是部分新工艺、新设备(如无人机、机器人)因产品迭代较快等原因,后期维保跟不上更新步调,导致设备不能正常使用,影响工作效率。另一个是在城市化的发展过程中,电力设备发生外破频率逐步提高,增加了班组运维人员的工作压力,并影响供电可靠性等关键指标。

(一)在移动终端和信息系统方面

1. 移动终端

部分高低压业务融合的供电所,存在员工外出作业需同时携带运检、营销两部移动作业终端及个人手机的情况。同时,移动作业终端在硬件方面存在设备性能不稳定、操作反应慢、虚拟专用网络（VPN）信号差、GPS定位不准、电池续航有限等问题；在软件方面存在更新频繁，功能不完善、流程不通畅，数据不贯通等问题，现场作业时出现卡顿现象，短则一个小时，长则大半天，在地下室等信号不佳的作业地点尤为明显。

解决路径：省公司相关专业部门滚动更新整合各类信息系统、移动终端，探索建立基于数供平台的供电所统一数据中心，明确基于"i 国网"或"网上国网"构建融合型移动作业终端，从根本上有效解决班组信息系统数据重复录入、终端运行不稳定、功能不完善等问题。市公司着力从运行机制和管理机制上主动查找原因并着手改进，切实行动起来解决困扰基层的实际问题。县公司摆脱"等、靠、要"的传统思想，及时向上级单位做好情况汇报，基于自身能力进行必要的改进，方便部分年龄偏大的员工更好地运用信息系统和移动终端。同时，积极推广应用QC成果《基于低压载波的移动信号中继装置的研制》，解决作业地点信号不佳的现实难题。

2. 信息系统

个别信息系统数据存在重复录入问题，如"一体化电量与线损管理系统"的线损管理模块与"用电信息采集系统"的台区线损模块涉及工作内容相似，需要重复录入。基础数据质量有待提升，如数供平台中各专业系统同步或推送的台账、拓扑关系、指标异常等数据存在滞后、不完整或与现场不一致现象。信息系统功能有待优化，如业扩工程中表箱定位、确认等需使用移动终端，而业扩流程、电费电价确认等需在营销系统完成，流程效率需要提高。专业系统间存在数据壁垒，如乡镇供电所综合业务支撑平台内无运检业务数据记录和处理功能。部分系统考核指标考核压力大，如班组反馈"乡镇供电所及班组一体化系统"台区网格区对应率等指标给供电所带来了较大的考核压力。

解决路径：省公司专业部门加强宣贯讲解，尽可能取得基层员工的理解与支持；实事求是向公司总部反映精简信息系统的基层需求，促进优化移动终端 App 数据流，丰富移动终端拓扑绘制、数据纠错等工具，及时维护拓扑关系、纠正错误数据；优化整合相关专业系统至数供平台，加强移动作业终端与各专业系统及信息系统之间的数据同步，实现"一次作业采集、多方数据共享"。

（二）在队伍建设和绩效激励方面

1. 队伍建设

队伍老龄化日渐突出，特别是班组长平均年龄达到 51 岁，班组长后备队伍断层情况严重。现阶段人员配置和技能水平无法满足日益提升的业务需求，既表现为原有人员配置不足以满足快速增长的业务需求及安全管理要求，也表现为新进员工现场作业经验不足、无法独立胜任工作。

解决路径：在规范开展业务外包和加强产业工人"蓝领队伍"建设基础上，充分考虑基层班组之间的差异，及时补充必要人员，积极推动专业对口技校、职院招生工作；优化职工发展体系，建立完善的职业发展阶梯，拓展发展通道，增加员工认同感和归属感；鼓励员工充分利用碎片化时间自学，公司相关部门针对基层、一线员工开展技能鉴定，开展台区经理等级评定，强化员工岗位技能水平；推动基层班组业务管理向数字化、智能化发展，并以末端业务深度融合为目标，组织复合技能培训。

2. 绩效激励

绩效激励是"以人为本、发挥人员能动性"的重要抓手，当前绩效激励模式与管理要求相比还存在精准度、激励力度不足的问题。大部分员工考核分配差距在绩效薪金基数的 10% 以内，激励作用发挥不充分，如某供电所薪金基数为 800 元，则 10% 考核差距为正负 80 元，无法实现正向激励应有的作用。

解决路径：基层班组作为"客户服务第一线"，要深入分析其在新时期赋能、激励的真正需求。市县公司要关注绩效管理指标细化分解在供电所层面的科学合理的落地，摈除层层分解考核项目中不科学、不合理的部分。持续创新优化班组考核模式，选取具有代表性、条件成熟的班组进行内部模式市场考核机制试点。鼓励突破和创新，允许班组自主完善薪酬包干制度，建立"技能人才等级制"。鼓励加强业务数据量化，允许班组自主构建工分评价和计算模型，在业务内容核定的基础上，进行工单化分解、价值化赋值和差异化分配。发挥专业部门业务指导作用，开展业绩看板月度监控、季度分析、年度总结，为供电所指标提升提供依据和方向，促进多劳多得，赋能供电所管理。

（三）在客户投诉和设备管理方面

1. 客户投诉

基层班组认为客户投诉中 50% 以上属于无责或轻责投诉。

大部分员工表示接到投诉后心理压力很大。投诉处理全过程需要耗费大量的时间和精力。通常情况下，投诉处理流程启动后，由于回复工单格式、语言逻辑、回复录音等不满足服务专业要求，回复工单需几天时间。例如，2021年3月，因客户对过户后的电价标准不熟悉，国网浙江省电力有限公司杭州市萧山区供电公司钱江供电所（以下简称钱江供电所）遭到客户投诉，后续实际查询、解释、沟通等处理阶段累计耗时大约30个小时，其中包括所长出面4次（大约耗时10个小时）、其他人员出面7次（大约耗时20个小时）。

在客户投诉管理实践中，通常由相关员工承担主要考核责任。但部分投诉往往是因为客户理解错误或员工沟通能力不足而导致，而非相关员工服务态度不端正。对于此类投诉，若与真正服务态度不端正的事件采用同等的考核手段，会降低当事人及班组员工的积极性。

解决路径：进一步加强客户投诉柔性管理，重视投诉处理对员工积极性造成的负面影响。市县公司应对非服务态度问题导致的投诉加强柔性引导，有针对性地开展营销服务类培训。95598客服人员注重提升基础业务能力，在接到客户投诉、暂时无法判别真实情况时，应暂缓直接下派投诉工单，可先将工单类型定为意见或客户侧需求配合的工单，提高业务分类的精确性。

2. 设备管理

以钱江供电所为例，其2020年共计安装116台融合终端，因缺乏相关技术维护人员，只能依靠厂家维护终端，导致维护效率低下，影响相关指标。如 HPLC（高速电力线载波，也称宽带电力线载波）的 CCO（中央协调器）模块与集中器，智能电能表通信模块与集中器设备不兼容，经常出现采集估算或未覆盖现象。网电浙江省电力有限公司绍兴供电公司柯桥齐贤供电所（以下简称柯桥齐贤供电所）也反映，移动终端 PDA（掌上电脑或平板电脑）电池鼓包，更换电池需向市公司申请并到市区更换，审批和实际更换流程耗时长。另据钱江供电所反映，近两年辖区大量工程同时推进，多数为亚运工程，工期十分紧张，电缆外破事件经常发生。2021 年由于辖区内各种建设工程全面铺开，发生外破事件 4 起，损失时户数 260 余个，占总时户数损失的近 1/3。钱江供电所虽与城管共建电力执法队，但是缺少强制执法权力，对外破行为无法实施有力惩罚。

解决路径：针对新技术新设备的后期维保，适当为供电所增加中低压设备的维保力量，打造一支综合技能更强的维保队伍；与设备供应商建立长期的战略合作关系，确保相关设备出现问题时能及时得到外部技术人员的支撑。针对电力设备外破事件，市（县）公司要与政府部门加强沟通协作，强化联合执法，降低电力设备外破事件发生的频率；对违规破坏电力设施的施工单位建立强有力的约束惩罚措施。

二、分析重点突破

前瞻式分析是班组建设的"三大途径"之一，也是班组建设实现螺旋式提升的起点。前瞻式分析能否扎实深入地开展直接影响着班组建设的成效。国网浙江电力利用蹲点调研的机会，与基层班组共同探讨如何开展分析工作，最终得出前瞻式分析应该在梳理班组人力资源、业务流程、管理模式、专业指标等基础上，系统分析技术特点、管理难点、发展趋势、技术前景、业务流程预判、未来突破重点等方面。这里以国网浙江省电力有限公司杭州市萧山区供电公司钱江供电所和国网浙江省电力有限公司绍兴供电公司变电运检中心渡东变电运检班（以下简称渡东变电运检班）为例，介绍其前瞻式分析的过程和结论。

（一）钱江供电所的前瞻式分析

钱江供电所成立于2006年，现有人员153名，其中全民职工38人、农电工56人、劳务派遣59人。下设综合组、安全监控组、营配组，两个高压供电服务班，以及新街、宁围、盈丰三个服务站。

当前技术特点。①亚运示范建设。建成杭州首个"全感知"台区，以电表为单位可实现线损治理和供电可靠性的精益化管控。②综合能源服务。开展辖区内充电桩经营质效摸排，通过区域小区充电桩申请量、房价、用户入住率等数据，精细化地选择建桩地址，实现充电设施建设的科学规划和布局；挖掘筛选热门地块、示范区块、潜力地块，分步骤、分梯队、分层次进行项目调研洽谈，在用户最需要的地方安装充电设备，提升公司充电桩使用效率。③人工智能应用。深化应用人工智能语音系统开展电费催收，建立以机器人催收为主、人工催收为辅的人机结合作业模式。发挥机器人多线并发、无疲劳、不间断的优势，大幅提升电费催收效率。

当前管理难点。①中心所中低压运维压力大。钱江供电所的中心所服务全萧山最多的公变台区和低压用户，并且数量还在逐年快速增长，现行的中低压人员配置已严重不足。②员工老龄化程度加剧。高学历员工占比不高，人员结构不科学，现场工作主要依靠一批四五十岁的老师傅，虽工作经验丰富但已面临退休，且他们无法快速适应新型业务的开展。中青年员工人员数量不足，尤其是生产专业人员。30岁以下的新进员工则有工作经验不足、无法独立担起重任的问题。面对不断铺开的新型业务，以及辖区内各类重要用户、小区用户、新能源用户需求的井喷趋势，现有人员的业务技能难以满足目前快速迭代的工作需求。③外破管控压力大。钱江供电所辖区市北、新街、宁围区块一直面临着城市拆迁改造。伴随着亚运会城市建设而来的农村拆迁力度不断加大，由此引发的外力破坏事件大大增加，对线路的可靠运行带来极大的安全隐患。

发展趋势。①班组新进员工均为年轻员工，学历水平普遍较高。青年员工无所畏惧、不断超越的精神，为班组的不断发展增添了新的活力和生机。通过供电所末端融合方案，可以更加充分合理地利用劳动力。②亚运建设积极落实"每千瓦理念"，广泛挖掘需求侧沉睡负荷资源，引导高压用户积极参与电网调峰，延缓电网高额投资，通过高效能、高互动模式，确保电网供需平衡，实现安全效率双提升。③突破各编制人员任职上限和范围限制，打通人员成长通道，激励各编制人员立足岗位成长成才。

④完善供电所内部薪酬包干制度，建立"技能人才等级制"，遵循"多劳多得"原则，做实供电所二级绩效自主分配，最大化挖掘劳动潜能。

技术前景。①按照"专业管理特色化、业务融合协同化、客户服务一体化"的工作要求，以绩效管理和网络工具为主要抓手，扎实推进供电所高低压网格融合管理格局，突出重点工作的落地，将业务管控延伸至网格。②深化供电所与集体企业施工项目部末端融合协同运作机制。③采用线下柔性机构和线上虚拟组织相结合的方式，重点提升局属工程、战略合作单位重点项目末端融合项目的时效性，实现项目多元化，确保优质高效地完成项目，提高用户满意度。

业务流程预判。①由专业管理模式转变为综合管理模式，精简营销和配电班组，新设供电服务站。加强配网主网架运维管理，设置专门的高压供电服务班。将部分高压业扩和设备运维职能下放至服务站。调整运营监控工作管理模式。②在机构调整的基础上，新设供电服务站全面实行高低压融合的业务管理模式。按照"成熟一个推广一个"的原则，在其他服务站逐步开展。以网格化指标量化考核为主要手段，加快各服务站（班组）对网格化管理的推行步伐。③深化供电所与产业单位末端融合协同运作机制，重点提升末端融合项目的时效性，提高客户满意度。

未来突破重点。①坚持融合末端。以数智型"六好"（头雁带头好、基层基础好、融入融合好、党员队伍好、文化引领好、社会评价好）供电所建设为契机，促进配电运检和营销服务专业融合，加快推进服务站高低压业务融合，优化项目部管理，推动主业产业有序融合。②坚持系统统筹。综合客户分布、设施设备规模、人员情况、地理条件等因素，建立健全工作制度，指导开展定员测算、机构设置、流程优化、人员培训、绩效评定等工作。③坚持优化流程。以效率优先为核心，加强专业间协同运行，简化冗余环节，聚焦主业、产业两条主线，重构供电所业务流程，健全营配融合规章制度，完善各级业务流程规范。④坚持稳步推进。按照"先试点、再推进、全覆盖"的步骤，根据末端融合"一所一方案、一站一策略"，创造条件先行先试，形成体系化创新突破。

（二）渡东变电运检班的前瞻式分析

渡东变电运检班成立于2007年，共有员工45人，其中二次检修专业23人、一次检修专业13人、电气试验专业人员5人。班组总体学历较高，分别拥有运行资质、检修资质和监控资质。

当前技术特点。①实行运检监一体化作业模式。渡东变电运检班是国网公司系统内首个实体化运作的运检一体化班组，实现了变电运行、检修两大专业的全面融合，已成功复制推广"运检合一"的成熟模式，实现了绍兴市域范围全覆盖。在运检一体的基础上，融合监控业务，将业务拓展至"运检监一体化"，充分发挥设备主人作用，深度参与设备全寿命周期管理工作。②设备管理数字化转型。渡东变电运检班积极引进智能装置与先进技术，推进数字化班组建设。引入智能巡检机器人，实现三类变电站机器人全覆盖，对设备状态监测更实时；联合研发操作机器人,实现事故处理更高效;升级辅控系统,运用高清摄像头和红外装置,对设备健康状况掌控更精准;应用移动终端,实现巡视维护、检测数据在线记录和智能上传;推进安全工器具室智能化改造,实现安全工器具全寿命周期各阶段信息化管理。

当前管理难点。①班组人员老龄化严重。人员平均年龄为40.8岁,年轻值长、技术员及其他技术骨干队伍中年轻人的比例较低。35岁以下班组长为2人,技术员1人,值长2人,总计5人,占比为11%,年轻骨干占比偏低。②技能培训方式尚需完善。由于人少站多,业务面广,作业量大,难以有足够的时间安排对班组人员进行第二专业技能培训。同时由于班组内专业分散,相比传统专业班组,班组人员的专业交流机会较少。③新技术应用存在短板。移动终端中作业App功能不完善,如数字工作票App不支持分工作票、检修记录录入;智能巡检机器人运行不稳定,读取数据不准确,备品备件不容易快速找到;各类纸质报表与移动终端存在数据重复录入问题。

发展趋势。①由运检工转型为"全科医生"。大力推进运检监一体化模式应用,以运检业务为基石,融合监控业务,培育一岗多能的全能型人才。以渡东变电运检班建设为契机,深化运检监一体化作业模式,拓展C/D级检修、带电检测、油化等业务,做好设备全寿命周期管理。②设备管理数字化转型。班组是生产业务的最小单元,也是数字化和信息化最活跃的实体单元。围绕班组建设内在要求,基于移动终端逐步实现移动作业全覆盖,补强智能装置,借助智能终端延伸实现人机协同作业提质增效。

③培养复合型人才。运检学监控，监控学运检。渡东变电运检班正在逐渐吸收青年员工，以运检工的培养模式实施教学培养。

技术前景。①在智能装备应用方面，顺应公司数字化转型建设的工作要求，深化"大云物移智链"信息通信新技术的应用，班组在移动巡检 App、数字化两票、智能穿戴等智能装备应用方面存在广阔前景，可以实现两票业务在线办理、技术资料在线共享、现场作业无纸化管理，减轻班组作业管理负担。②在机器替代方面，目前渡东变电运检班正在大力推进变电站智能巡检机器人、开关室操作机器人、消防机器人及无人机巡检技术应用，通过人机协同作业，有效减轻巡视维护工作的压力，实现故障处理快速高效。

业务流程预判。①运检监一体化，实现人员一岗多能，业务无缝衔接。②全面深化"全科医生"队伍建设，实现设备精益化管理。③基于智能巡检机器人，实现设备巡视机器替代。④移动化作业，基于实物 ID 与移动终端，实现作业移动化与在线化。

未来突破重点。①提升人机协同效率。大力推进智能巡检机器人和操作机器人的使用，实现自主巡视和自主操作。②业务在线办理。借助移动巡检终端及设备实物 ID，实现巡视标准化作业卡、工作票、操作票等线上派发执行。③深化应用实物 ID。针对基础台账有序管理，基于移动终端和实物 ID，实现增量设备扫码建档、设备位置自动采集和系统辅助校核等智能应用。④挖掘分析数据。在集控站内成立虚拟数据挖掘团队，由专人进行建立标准制度、分析挖掘数据、管理智能设备等工作，并建立人员定期轮换制度，充分挖掘并应用数据资源。

三、锚定"四个关键"

基于班组前瞻式分析,班组建设内容策划需针对特定场景和前瞻性问题详细展开。这项举措要落实落细,需要班组成员全员参与、集思广益。这里继续以钱江供电所和渡东变电运检班为例,介绍其通过全员策划确定班组建设内容的相关结果。策划重点从核心业务、激励机制、数智运用、队伍建设"四个关键"分别展开。

(一)钱江供电所班组建设策划

核心业务。通用场景:①持续推进营商环境优化,提前与政府、开发商对接踏勘,助力小微企业"无感化"接电。②加强计划停电检修管控,依据工程缓急及物资到位情况提前安排次月月度检修计划,当月计划进一步再细化至周计划,持续优化网架、更换老旧设备。③根据网架结构,提前梳理薄弱清单,做到可研—初设—施工—完工—结算的全过程管控,对工程实施过程进行安全交底、技术交底、验收整改等管理工作。④通过生产计划风险管控平台对低小散作业进行全流程管控;通过 4G 视频远程监控对现场进行安全监督,通过到岗到位、安全检查和浙电安全生产管控平台进行安全作业管控。个性场景:①通过使用乡供平台(移动端使用钉钉 App),对营销采集运维、电表装拆、配网新建工程等流程实施线上审批,提升流程审批速率和专业透明化监督水平。②应用智能化专业物资仓,打造互联网应用下的 24 小时远程协助"自助领料式"无人值守仓库。③试点建设全市首个全感知精品台区，让生活用电更智慧。

激励机制。①推出"技能人才等级制"，各编制人员依据相关业务评定进行奖金系数核增。②完善供电所内部薪酬包干制度，遵循"多劳多得"原则，设置专项激励包，用于供电所二级绩效自主分配，充分挖掘劳动潜能最大化。③完善每月精益化考核制度，对工作完成情况进行差异化考核奖励。

数智运用。通用场景：①强化所内监控室功能，深化监控指标应用，将供电所各类关键指标、抢修流程等置于监控室，开展集中监控。②加强配电自动化实用化应用，加快提升自动化有效覆盖和自动化站点消缺。③深化数智强安，做好数智型"六好"供电所的建设。个性场景：①深化智能业务系统应用，通过人工智能语音系统开展电费催收，推进无人化营业厅，实现营业厅业务全自助办理。②亚运示范建设落地生根，开展亚运村高弹性电网建设。③深度拓展综合能源领域市场，打造综合能源示范区。

队伍建设。①突破各编制人员任职上限和范围限制，打通人员成长通道，激励各编制人员立足岗位成长成才。②以末端业务深度融合为目标，精炼人才培训，利用"杭电云学堂"等实施线上线下相结合的培训模式，利用碎片化时间，促使员工开展主动学习。③建立小微权利清单，全面应用"智廉平台"，进行廉政风险全链条管控，同时做好常态化记录。④强化所管理层、柔性稽查小组和班组三级安全督查体系。

（二）渡东变电运检班班组建设策划

核心业务。通用场景：①建设运检监一体化标准体系。通过编制修订运检监一体相关规章制度，规范运检监一体化的业务开展流程、业务管理要求及运检监一体班组组建等相关内容，确保运检监一体各项工作能够规范执行、有据可循。②编制运检监一体化生产计划。统筹编制运维、检修、监控生产计划，发挥运检监一体化优势，形成纵向覆盖年月日，横向覆盖运检监各专业的综合生产计划，通过过程管控实现闭环管理。③培养运检监一体化业务能力。在运检一体的基础上，夯实监控业务，提高设备监控强度、运检管理细度，提升变电运检人员的状态感知、缺陷发现、主动预警、风险管控和应急处置能力。④构建运检一体化业务流程。编制现代运检班组运检作业清单，明确运检一体化单间隔消缺（检修试验）、运检一体化综合检修（互为服务，工序有序衔接）等典型业务作业流程。

激励机制。①以安全为导向的动态分配。制定基于人岗适配的安全生产奖惩实施细则，设立包括工作票奖、操作票奖、安全隐患发现奖等安全风险奖，细化积分规则，针对安全事故及违章进行处罚，实现安全生产奖励的动态分配。②以一岗多能为基础的专项激励。运检一体通过人员一岗多能实现"减员不减质"，公司层面出台专项激励政策，设立运检专项奖金，制定相关专项奖金管理办法，以运检一体工作量进行专项激励。

数智运用。通用场景：①智能运检。图像监控远程巡视，操作机器人人机协同，一二次互联智能判断。②数字化运检。巡视维护人机协同，主辅设备全面监视，工作票移动办理。

队伍建设。①个性化多途径培养人才。针对员工的实际情况进行培养，根据员工的身份（运维专业、检修专业、新员工）、技能水平等制订不同的培训计划，开展专业技能培训、鉴定。②职业发展通道设计。作为变电模式变革的"试验田"，夯实员工的运检一体技能基础，通过举办各类技能考核，帮助青年员工进步，重点培养技能为主、综合素质过硬人员，通过技术员、副班长、班长等职业发展通道，加快骨干队伍建设。

> 深入班组了解实情，基层班组针对特定场景和潜在问题开展前瞻式分析，精心策划班组建设和提升内容，"上下同欲者胜，同舟共济者赢"就有了坚实基础。

第四章
卓越班组建设体系架构

第一节　谋篇布局卓越班组建设

国网浙江电力完成的现代班组研究及开展新时期班组建设探索实践，为"十四五"期间推进班组管理提升、形成体系化的班组管理方法奠定了坚实基础。根据调研情况判断，传统的垂直化专业管理惯性较大，专业间协同需要强化，基层班组效率、蓝领队伍动力、专业间合力也有待进一步激发。有些问题班组反映较为强烈，如结构性缺员且人员老龄化、业务逐渐复杂、设备更新速度加快、工作量增加明显、业务外包比例增大等，迫切要求构建科学完备、相对成熟的班组建设体系架构，以培育满足新型电力系统建设要求的班组队伍，实现新时期班组管理转型升级。

国网浙江电力在前期调研基础上，运用系统管理理论，汲取卓越绩效管理精髓，融合清单式管理理念，形成卓越班组建设体系架构。提出以卓越班组建设为平台，建成"装备精良、作业精湛，管理精细、队伍精干，核心能力无可替代"的现代班组。

一、理论基础

国内外管理思想百家争鸣，管理实践百花齐放，哪些可以成功地应用到班组管理工作中，对于这个问题的答案，可谓仁智互见。国网浙江电力经过反复探讨研究，在理论基础上形成了三点共识。

一是运用系统管理理论。系统管理理论主要应用系统理论的范畴、原理，全面分析研究企业和其他组织的管理活动和管理过程，重视对组织结构和运营模式的分析，并建立起系统模型以便于分析。系统管理理论提出了整体优化、合理组合、规划库存等管理的新概念和新方法，因而被认为是20世纪最伟大的成就之一，是人类认识史上的一次飞跃。系统管理理论认为，企业是由人、物资、机器和其他资源在一定的目标下组成的一体化系统，发展同时受到这些组成要素的影响，在这些要素的相互关系中，人是主体，其他要素则处于从属地位。运用系统观点来考察管理的基本职能，可以提高组织的整体效率，使管理人员不至于只重视某些与自己有关的特殊职能而忽视了大目标，也不至于忽视自己在组织中的地位与作用。系统管理理论要求我们强化大局观念，防止在某一局部过分专注而迷失方向，在解决某一问题的同时又引发了其他问题。电网企业需要基于系统管理理论促进管理变革，顺应发展形势，应对政府、客户、上下游企业等多方压力和班组成长需要，审视内外部环境，就管理机制、工作流程进行优化，激发全员参与，挖掘班组建设在提质增效、创造价值上的潜力。

二是汲取"卓越绩效模式"的管理精髓。"卓越绩效模式"是20世纪80年代后期美国创建的一种企业成功的管理模式，其核心是强化组织的顾客满意意识和创新活动，追求卓越的经营绩效。该模式源自美国波多里奇奖评审标准，以顾客为导向，包括领导、战略、顾客和市场、测量分析改进、资源管理、过程管理、经营结果七个方面。"卓越绩效模式"框架图包括两个三角,其中,领导、战略、顾客和市场组成了"领导三要素",资源(尤其是人力资源)、过程管理及经营结果组成了"结果三要素"。"领导三要素"强调高层领导在组织所处的特定环境中,通过制定以顾客和市场为中心的战略,为组织谋划长远未来,关注的是组织如何做正确的事。而"结果三要素"则强调如何充分调动组织中人的积极性和能动性,通过组织中的人在各个业务流程中发挥作用和过程管理的规范,高效地实现组织所追求的经营结果,关注的是组织如何正确地做事,解决的是效率和效果的问题。"卓越绩效模式"同样强调以系统的观点来管理整个组织及其关键过程,强调组织的整体性、一致性和协调性。整体性是指把组织看成一个整体,组织整体有共同的战略目标和行动计划;一致性是指卓越绩效标准各条款要求之间具有计划、实施、测量和改进(PDCA)的一致性关系;协调性是指组织运作管理体系的各部门、各环节和各要素之间是相互协调的。电网企业加快班组管理循环提升,需要从 PDCA 循环出发,促进班组树立持续改进意识,抓住关键改进环节,通过全面布局,践行过程管理,扎实推进螺旋式提升。

三是融合清单式管理理念,突出"二八原则"。清单式管理的兴起与《清单革命》一书的畅销有着很大的关系。《清单革命》分为三个部分:为什么我们要使用清单;清单行事的准则是什么;我们要如何养成制定清单的好习惯。该书作者阿图·葛文德认为,清单之所以重要,是因为人并不能把所有事情都记住,且记忆经验会让人麻痹大意，导致"无能之错"的发生。制作一份有效清单要注意三大原则：设计要简单、高效、可测，执行上要有明确的检查节点，要不断更新。清单式管理的核心是超前提醒，它突出全面提醒、细节提醒等简单实用的特点，对全面提高员工技术素质和操作能力，提升综合管理水平有很好的指导和督促作用。并且，清单不可太长，一定要突出关键少数原则（亦称"二八原则"）。阿图·葛文德接受世界卫生组织（WHO）委托，主持编制手术安全清单，其检查项目最终减少到19项，包括实施麻醉前7项、切开患者的皮肤前7项、手术结束患者离开手术室前5项，就是一个很好的例证。电网企业需要引导班组抓住关键少数，采用清单式管理方法，运用头脑风暴、对比分析等手段确定班组提升管控要点，集中力量，重点施策。

> 国网浙江电力坚持系统管理、卓越绩效管理、清单式管理等三大理念，将其作为新时期班组建设的理论基础。

二、方法体系

公司形成一套相对成熟的方法体系，需要基于系统管理、卓越绩效管理和清单管理的理论基础，深入思考班组建设的终极目标是什么、优秀标杆班组应该具有哪些特征、班组建设的重点内容是什么，以及怎么开展班组建设等一系列重要问题，使班组成为充满生机和活力的有机整体。国网浙江电力对此进行了多次探讨，并在推进班组建设的过程中迭代完善，最终形成了"13434"的方法体系，即：牢牢把握"一个核心"（高效坚强的执行单元）、凸显"三大特征"（自我驱动、精益管理、智慧作业），重点围绕"核心业务、激励机制、数智运用、队伍建设"四个关键，运用"前瞻式分析、清单式管理、螺旋式提升"三个途径，实现"人力、管理、科技、减负"四个提效，全力提高班组自主管理水平，努力打造公司战略落地实践的"班组建设示范窗口"。国网浙江电力将优秀标杆班组命名为"卓越班组"，建设卓越班组的总体框架如图4-1所示。

图4-1 国网浙江电力卓越班组建设的方法体系

"一个核心"明确了班组建设的终极目标，就是打造高效坚强的执行单元。这里的"高效"包括效率和效益两个方面，蕴含着效率最高、效益最大的双重意思。这一核心的内涵是由电网企业班组正处在从信息时代班组向智能时代班组过渡的特定时期，以及电网企业的自身特点决定的。电网企业是大型国企，其业务方向与国家能源政策紧密相关，各专业条线只有通力合作才能实现"人民电业为人民"的保障电力供应的战略目标。这些基本属性决定了电网企业基层班组规范执行的重要性，是企业战略落地的坚强执行单元。同时，《班组进化论》认为智能时代的班组应该是"价值创造单元"，有鉴于此，电网企业基层班组就需要在执行的过程中创造价值，既要注重提升工作效率，更要注重提升实际成效。基于这一考虑，"高效坚强的执行单元"的表述就更为严谨、贴合实际。

"三大特征"是卓越班组应该具备的基本特征。其一是自我驱动。与以往相比，当代社会对人的工作技能等都有了很高要求，并处于动态变化之中，而与工作相关的制度、流程、标准等常有一定的滞后性，如果按部就班将无法取得最好成效。《哈佛商业评论》中文版设有"自管理"专栏，其本质就是以自我驱动代替组织驱动。唯有自我驱动、自主改进、自觉提升，未来的班组才会越来越好。其二是精益管理。张瑞敏曾经说过："什么是不简单？能够把简单的事千百遍都做对，就是不简单；什么是不容易？把大家公认的非常容易的事情认真地做好，就是不容易。"精益管理需要滴水穿石的坚韧、于细微处见精神的执着，始终坚持以效益为导向，是世界范围内很多企业走向卓越巅峰的铺路石，毫无疑问应该长期践行。其三是智慧作业。"大云物移智链"等前沿技术飞速发展，决定了未来社会缺少的是能够掌握先进技术的高素质人才。当前，机器人、无人机及各类人工智能的星星之火，必将在各个专业条线引发燎原之势。正确认识这种趋势，提前策划、提前布局，发挥先发优势和引领作用，是卓越班组的必修课。

"四个关键"是卓越班组建设的重点内容。其一是核心业务。最近几年，受国内、国际环境的影响，中国很多企业逐渐意识到核心业务和核心技能的重要性。电网企业一些核心业务的外包容易出现业务空心化问题，会导致核心竞争力减弱。因此，需要推动核心业务逐步回归，并持续提升自有人员的核心技能水平，将其作为卓越班组建设最重要的内容。其二是激励机制。行之有效的激励机制是电网企业班组管理面临的一大难点。若能以此为抓手取得一定的突破，其他很多问题就会迎刃而解，能起到牵一发而动全身的作用。树立正向薪酬激励导向，在班组层面推行民主化管理，在全体班员间形成共识，持续优化完善激励机制，是一条相对稳健的可行之道。其三是数智运用。这与"三大特征"之一的智慧作业直接相关。数智化是数字化与智能化的深度融合，电网企业的很多业务已经实现了数字化（如图纸档案电子化），但与智能化、智慧化的要求相比，还有差距。数智运用一定要坚持以成效为导向，切忌花拳绣腿、华而不实。其四是队伍建设。很多企业都意识到了以人为本的重要性，但并没有深入思考"以什么人为本、以人的什么方面为本"等核心问题。面对核心业务能力提升，未来的班组成员如何提升核心关键能力，做到"自己会干"，实现"自己在干"，应作为电网企业卓越班组建设关注的重点方向。

"三个途径"是卓越班组建设的具体方法，三者之间有着循序渐进、互为一体的关系。其一是前瞻式分析。更多关注未来发展趋势，判断核心业务和数智运用等方面有哪些共性场景和个性场景，针对特定场景如何发挥班组现有的优势或解决急迫的现实问题。同时，也要分析激励机制和队伍建设今后一段时间需要重视的问题，从源头上建立"发现问题、分析问题、解决问题"机制，迈出扎扎实实的第一步。其二是清单式管理。班组建设导入清单式管理，其要点是将日常工作中的各种清单与能够体现精华特色的管理清单区分开来。日常工作中的各种清单往往与现有的各种制度、标准、流程等有关，需要在未来实践中不断完善，这些毫无疑问需要坚持。同类班组间的差异性不会太大，若能以清单式管理成果的方式展示这些重要举措，就能实现可复制、可推广的预期目标。其三是螺旋式提升。在现有的各种管理体系和管理方法中，必须提及的就是长期坚持"持续改进"。PDCA循环是持续改进的基本工具，将其落实到日常管理的方方面面，就可有效避免管理水平原地踏步。持续改进要力争"一年一提升，每年上台阶"，能够解决的问题直接采取改进措施，一时不能解决的问题向上级反映和献策。

"四个提效"是卓越班组从策划到实施相关举措付诸实施后的输出结果。班组建设做得怎么样，最终必然要归结到成效上面来。人力提效、管理提效、科技提效具有共性特点，是所有企业都会关注的方面。然而，班组建设管理是一项常抓不懈的综合性、基础性工作，国网浙江电力在三个提效基础上进一步增加了减负提效，也明确了减负为提效服务是为了提高班组质效。

第四章　卓越班组建设体系架构

> 根据新时期的实际需要，构建班组建设的方法体系和总体框架，将理论基础融合到管理实践中，这一步对如何全面推进班组建设并取得预期成效至关重要。

三、途径阐释

国网浙江电力卓越班组建设的方法体系是"13434"，其中三个途径（前瞻式分析、清单式管理、螺旋式提升）也可以理解是三个行之有效的"方法论"，构成了推进班组建设的完整"三部曲"，对班组建设取得预期成效至关重要，有必要进行深入阐释。首先根据电网企业的特点，对自我驱动、精益管理、智慧作业三大特征进行补充说明，因为其与如何应用具体方法有较大的关联性和逻辑性。

自我驱动：自我驱动是筑牢班组安全根基、实现提质增效的内生动力，是实现准确执行、高效执行、创新创效的基础；以自我学习、自我提升、自主安全、自主创新为目标，充分体现班员主动性、创造性。班员具有较强责任意识、安全意识，能实现快速响应、安全高效作业和优质服务。

精益管理：以精益管理实现流程优化、执行准确、效率提升。紧扣效率最高、效益最大，将精益化管理渗透到班组管理全过程。以多元赋能为基础，实现资源合理配置，能运用精益思维，自主挖潜增效；业务融合度高、资源流程优化、作业协同高效、管理科学可持续；班组作业精准，能减少人力和物资等不必要浪费，效率效益趋于最大化。

智慧作业：强化创新驱动，以智慧作业助推精准执行、安全质效和精益管理。围绕"大云物移智链"技术，促进班员熟练运用新技术、新装备及信息平台。积极参与各类创新活动，紧扣实际开展应用型和实用性创新，实践班组数字化赋能，主动打造数字化运检班组和数智化供电所。

（一）前瞻式分析

前瞻式分析主要用于班组建设策划阶段，确定班组建设的具体内容。在核心业务和数智运用方面，前瞻式分析更多地表现为基于未来发展趋势开展场景化分析，而在激励机制和队伍建设方面，更多地表现为以潜在问题为导向，迈出"发现问题、分析问题、解决问题"的第一步。前瞻式分析的核心是做好场景化分析。

对班组来说，首先要搞清楚何谓场景。场景原指影视剧中在一定的时间、空间内发生的特定任务行动或因人物关系所构成的具体生活画面，后来通常泛指生活中特定的情景。场景之所以成为一个高频词，则与创投圈有关。投资者出于对投资收益的关心，经常向创业者提出的问题是："你这个创意（如平台建设、技术发明、商业创新等）未来的应用场景是什么？"创业者的思路越清晰，对未来的场景描述越具体，则获得投资的可能性越大。这就是说，无论是影视剧中的场景、生活中的场景，还是创投圈中的场景，都应该是明确具体而不是浮泛空洞的特定情景。

其次要将班组业务进行细化分解。要点是确保得到的场景颗粒度大致相同，既不能过大，也不能过小。场景颗粒度过大，必然浮泛空洞，貌似正确，实则无从抓起，即使能够用量化指标衡量，通常也不是某一个具体班组能够完全承接的指标，如保障供电能力、加强线损治理等。场景颗粒度过小，容易等同于常规性的具体工作，显然不宜作为班组建设的策划内容，且通过细化分解得到的场景数量太多，也会导致重点场景淹没在一堆非重点场景中。对班组业务进行细化分解后，可以确保班组业务一览无遗，相当于得到了一张"场景地图"。

最后要对每一个场景进行深入分析，为确定班组建设内容夯实基础。具体分析从三个方面开展。一是判断该场景未来有没有提升空间。每个场景至少有一个可量化指标，且指标值来源可靠、可回溯确认。若未来提升空间较大，则应优先考虑作为当年的班组建设内容；反之，则应暂缓考虑。二是判断该场景若作为当年的班组建设内容，有没有足够的人力资源支撑，这与班组人员承载力直接相关。人资充足，则应优先考虑，反之，则应暂缓考虑。三是判断该场景若作为当年的班组建设内容，是不是可以采用先进技术或设备。若有先进技术或设备可采用，则应优先考虑，若无则应暂缓考虑。场景化分析的核心就是通过筛选过滤的方法，得到今后 2～3 年内班组建设的相关内容，并据此制订推进计划，如表 4-1 所示。

表 4-1　某供电所前瞻式分析示例

	终端场景	提升空间	人力支撑	技术支撑	行动年份
核心业务	高压业扩报装	★	★★	★	2022
	低压业扩报装	★★	★	★	2022
	信息采集及终端运维	★★	★	★★	2022
	台区数据质量治理	★★	★	★★	2022
	电费催收柔性管理	★	★★	★	2021
	线路巡视与整改	★★	★★★	★	2022
	隐患排查与治理	★	★★	★	2022
	停电计划编制与执行	★	★★★	★	2022
	电网故障应急抢修	★★	★★★	★	2022
	保供电策划与实施	★	★	★	2022
	工程进度管理	★	★	★	暂时不做
	工程质量管理	★	★	★	暂时不做
	反事故演习	★★★	★	★★	2021
	作业现场安全管理	★★★	★★	★★	2021
激励机制	人才定级标准构建	★★	★★	★★	2021
	绩效考核标准优化	★★★	★	★★	2021
	重点工作专项激励	★★	★★	★★	2022
数智运用	无人机巡线应用	★	★★★	★	2022
	全量指标监控与分析	★★	★★★	★★	2022
	提升配电自动化实用化水平	★★	★★	★★	2021
	深化机器代人应用	★	★	★★	2021
	一平台一终端实用化	★★★	★★	★★	2021
队伍建设	公平竞争机制建设	★★★	★★	★★	2021
	新员工实战能力培养	★★	★	★	2022
	复合型人才培养	★★★	★	★	2021
	廉政宣传策划	★★	★★	★★	2021
	廉政风险管控	★★	★	★	2021

(二) 清单式管理

前文提及，清单式管理的核心是清单不宜太长，一定要突出关键少数原则，将日常工作中的各种清单与能够体现精华特色的管理清单区分开来。阿图·葛文德主持编制的《清单革命》中明确设定了清晰的检查点、选择合适的清单类型、简明扼要、清单用语精练准确、清单版式整洁、必须在现实中接受检验六大要点。在实施手术安全检查清单的约翰·霍普金斯医院，原本经常发生的中心静脉置管感染比例从 11% 下降到了零；15 个月后，避免了 43 起感染和 8 起死亡事故，节省了 200 万美元成本。事实证明，实施清单管理，善于学会整理一张小小的清单，用科学有效的方法提升绩效、保障安全管理和作业，能够持续正确、安全地把事情做好。这里以某供电所管理要点清单进行例证，如表 4-2 所示。

表 4-2 某供电所电网故障应急抢修管理清单示例

序号	管控要点	相关说明
1	缩短用户故障报修时间	主动发放故障抢修直接报修电话，引导客户第一时间将故障信息报告至供电所
2	压缩故障研判时间	抢修支撑小组在抢修群发布故障线路相关图纸和数据及故障信息，充分利用配网自动化信息进行故障判断
3	减少到达故障点时间	驾驶员和抢修人员同吃同住，实行 24 小时在岗值班；抢修车辆时刻保持最佳状态；实时了解路况信息，找出最优路径；在特殊天气条件下实行驻点值班
4	提高故障点查找效率	实行末端融合培训，发动服务站低压人员开展故障巡视；及时与停电客户取得联系，根据客户的地理位置判断故障范围
5	抢修工器具定置化管理	在抢修车上配置足够的抢修工器具并按时移交，保证工器具完好

续表

序号	管控要点	相关说明
6	仓库管理无人化	值班人员可以到无人仓库经过身份认证随时领取抢修物料
7	客户抢修关怀	抢修队伍出发后及时与停电客户联系，告知客户抢修进度和预计通电时间，安抚客户情绪，避免故障工单升级为意见工单或投诉
8	恶劣天气应急抢修预案	根据政府发文的恶劣天气预警信息，第一时间编制应急抢修方案，成立应急指挥部、气象预警监控组、抢修组、后勤组。在恶劣天气到来前做好抢修队伍的排布、抢修物资的储备、后勤保障、气象跟踪等工作，24小时待命
9	抢修力量调配	发生重大配网故障、大面积停电等情况，原有抢修力量无法满足故障需要时，分管副所长担任抢修总指挥，紧急增派抢修负责人和施工队，第一时间赶赴故障点支援

（三）螺旋式提升

螺旋式提升的本质就是将PDCA循环落到实处并长期坚持。所谓PDCA，即计划（Plan）、实施（Do）、检查（Check）、处理（Act）的首字母组合。无论哪一项工作都离不开PDCA的循环，每一项工作都需要经过编制计划、执行计划、检查计划、对计划进行调整并不断改善这四个阶段。班组建设尤其要从中长期的视角重视实施、检查这两个环节，确认相关举措是否取得预期成效，是否实现了持续改进。这里以某供电所平均故障抢修恢复工作为示例，该供电所加快配电网自动化建设，利用机器人声等智能化管理手段缩短抢修物资取备时间，运用清单式方法，提升业务协同能力。图4-2为某供电所螺旋式提升示例。

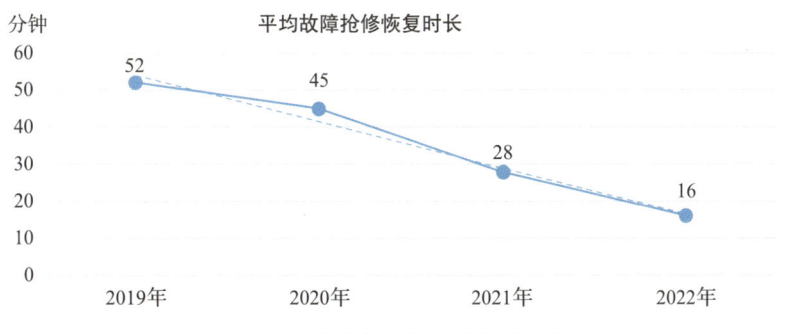

图 4-2 某供电所螺旋式提升示例

> 前瞻式分析、清单式管理、螺旋式提升是班组管理提升的三大途径，也是三个具体实施方法，构成了班组建设的完整"三部曲"，需要细心揣摩掌握要点，切不可望文生义。

四、推进设想

国网浙江电力将卓越班组建设作为"十四五"期间的重点工作，以科学的方法强优补短，持续提升班组管理水平，推进广大班组努力建设成"守住安全、能打硬仗、创新力强、业绩突出"的坚强执行单元。国网浙江电力明确了 2021 年到 2025 年的实施计划。其中，2021 年的主要任务是深入调研、宣贯学习、启动建设，2022 年的主要任务是扩大规模、加强交流、提炼成果，2023 年到 2025 年的主要任务是全面推广典型管理经验、全面建设卓越班组。

第二节 "十四五"班组建设的提升重点

进入"十四五"电网建设高质量发展的新时期，国网浙江电力全面推动落实国家电网"全面加强班组建设、实现班组建设新跨越"工作目标，围绕新型电力系统建设、"一体四翼"发展战略，紧扣"电网转型""公司转型"工作主线，创新落实以卓越绩效为主线的工作思路，在班组导入卓越管理理念和科学管理意识，创建卓越班组，并从五个方面明确了"十四五"班组建设的提升重点。

一、党建引领

推进党建业务融合。提升班组党支部（小组）的政治功能。深化党员责任区、党员示范岗、党员服务队的示范作用，推进班组长队伍中党员比例的持续提升。提高班组团队建设水平和党员发展质量，确保每个班组都有党员发挥先锋模范作用。探索党建"嵌入""融合"的微渠道，创新班组"党建+"的方式方法，推进企业文化在班组的落地实践，常态化开展谈心谈话和思想动态分析，大力弘扬劳模精神、劳动精神、工匠精神，营造尊重劳模、关爱劳模、学习劳模、争当劳模的浓厚氛围。落实"为职工群众办实事"等工作举措，提升班组文明建设水平。

落实管理主体责任。①落实"归口管理"责任。明确公司部门负责人为本专业班组建设第一责任人,各单位主要负责人为班组建设责任人。充分发挥各级班组建设工作领导小组和班组减负专项工作领导小组在班组建设工作中的积极作用。②落实"专业主导"责任。加强专业协同,增强"向下指导、平行沟通"的服务意识,强化各专业部门对基层班组专业化管理的业务指导力度。③落实单位主建责任。加强基层单位班组建设"一把手"负责制,加大抓好班组建设的力量投入,因地制宜做好调研规划,做实做细班组管理。

夯实班组安全基础。牢固树立安全发展理念,秉承"安全是技术、安全是管理、安全是文化、安全是责任"的思路,以强化安全意识、规范安全行为、提升风险事故防范能力、养成良好安全行为习惯为目标,创新班组安全活动载体、注重实效,推动构建自我约束、持续改进的班组安全建设长效机制,全面提升安全生产水平。电网运行、设备检修、工程建设等班组尤其要加强安全教育和培训,提升班组安全技能水平,全面落实班组安全生产责任制。

二、人力提效

加强培训工作质效。以末端业务深度融合为目标,加大一岗多能和班组复合型人才的培育力度,切实加强班组蓝领队伍建设,打造适合基层班组灵活多样的培训模式,强化专业业务安全技能、先进技术、质量管理、经济法律等知识培训,充分结合

"师带徒""技能攻关""质量人e站""班组微讲堂""劳模创新工作室"等形式，重点培养新进班员岗位实践能力和实操技能，进一步提升劳动用工效率和员工队伍建设水平。

推动班组自主提升。倡导班组应用时间管理，充分利用碎片化时间按需自主提升、自我发展，不断提升班组班员整体素质。定期评估一线班组队伍建设的进展情况，各单位每年对班员的专业技能和综合素质进行客观评价，做好结果反馈。对自主学习能力强、技能提升较快、综合能力提升突出的班员，应予以适当奖励。对未能实现提升目标的班员，应采取必要的帮扶措施，逐步形成班员"我要学"的自主提升的良好氛围。

优化人才队伍结构。构建可持续发展的班组长人才梯队，进一步优化班组长队伍结构。加快"一岗多能"复合型技能人才培养，鼓励各单位从班组"管理能手、技能工匠、技术人才"三个维度建立评价任用体系。加大优秀班组之间典型管理和工作亮点的互看互学，促进管理、技术、技能岗位交流互通。进一步畅通班组长多维度成长通道，注重指导基层健全管理人才梯队，加强班组优秀青年人才选拔，实施人才培养全过程管理，激发基层人才干事创业的热情。

三、管理提效

健全激励约束机制。因地制宜，因岗施策，放权赋能，优化创新考核激励措施，细化完善绩效管理标准，深化应用多元量化考核方式，加快形成特色鲜明、科学高效的班组绩效管理模式，进一步激发班组长、班员的竞争意识和主观能动性。充分授予班组长考核权，促进绩效结果与绩效薪金、岗位价值、工作能力相互联动挂钩。做好优秀班组表彰推荐，增加班组优秀成果输出绩效激励，倡导基层激励和约束"双管齐下"，健全班组贡献价值和人才产出"双维度"激励方式。实施基于班组绩效数据的考核现状分析，健全反馈机制，改进绩效短板，制订提升方案。优化班组建设绩效考核指标，切实提升责任部门的工作成效。

改进业务流程标准。从职责、流程、标准、制度、考核、风险等方面审视核心业务管理现状，梳理业务，挖掘提升空间，编制场景清单，确保岗位职责与专业业务深度匹配。引导广大基层班组明确人员安排、提升目标、时间节点等核心要素，运用"测量、分析、改进"等质量管理方法，遵循PDCA流程，发挥科学管理的作用。促进业务融合、深化复合型岗位的工作要求，推动传统班组组织形态、管控模式、业务模式的优化升级。促进班组规范执行制度标准，定期评估阶段性成效，为提高班组效率和管理水平出谋划策。

激发班组创新创效。坚持顶层设计和鼓励基层创新相结合，聚焦碳达峰、碳中和，多元融合高弹性电网建设、新型电力系统构建等重点领域，建立创新激励机制和创新成果转化机制，引导班员规范开展质量管理（QC）、"金点子"等活动，争创更多首创成果。不断提升自主创造能力，促进质量管理等优秀成果的推广应用。组织开展形式多样的班组论坛、现场互学交流等活动，充分展示不同专业班组的价值创造能力。

四、科技提效

拓展智慧应用范围。聚焦缓解班组结构性缺员问题，持续拓展科技本地化应用场景，探索新时期机械化减人、人机协同、机器代人场景。深化智慧基建、智能运检、智慧调度建设，运用"大云物移智链"等新技术，提升班组安全管理水平和作业效能，赋能班组安全、业务、管理全面升级。关注电网高新技术、前沿科技新进展，通过专家讲座、专题论坛等途径普及新技术在电力行业及能源互联网生态圈中的应用场景，拓宽引入班组科技培训的渠道。深化智能管理系统的拓展应用，实现班组作业与所需技术标准的全部准确对应。

整合供电所信息系统功能。推进基层班组各专业信息系统业务数据整合，建设统一的数智供电所管理平台，突破系统数据壁垒，实现数智供电所管理平台与各专业信息系统之间的数据同步实时共享，避免班组信息系统数据重复录入，并推广应用营配融合型移动作业终端，丰富移动作业终端微应用，实现"一平台、一终端、多应用"。依托数智供电所管理平台，建立工单驱动业务管理模式，推动班组业务工单化、工单数字化、数字绩效化，构建基于业务工单的班组精益积分体系，跟踪管控工作质效，为基层减负赋能。

加快数字赋能转型。践行"人人是数据生产者、治理者、使用者、获益者"理念，加强基础数据质量治理，挖掘数据资源价值，拓展资源深度整合。强化数据资源梳理，拓展数据分析、报表工具的研发应用，支撑班组提升工作效率。深化数据目录建设，提升数据的易用性。营造数据应用分析环境，为数据快速应用提供全方位的能力支撑。上线发布数据应用平台，提升数据应用成果快速构建、敏捷迭代能力。设备部从信息化建设、管理制度完善、人才队伍培养等维度对基层班组进行全面提升，开展"业务在线化、作业移动化、信息透明化、支撑智能化"的数字化班组建设。

五、减负提效

提升终端应用效率。按照"依靠基层、面向基层、服务基层"的原则，倾听班员的合理建议，收集基层作业需求，优化移动作业终端管控，依托内网移动管理平台（MIP2.0）加强"一人多终端"的在线监控、核查和问题整改。聚焦外网移动门户（"i国网"）基础架构和移动生态体系建设，开展"i国网"架构优化升级工作，持续提升"i国网"的互联互通能力和移动作业支撑能力，推进存量应用的迁移改造。持续推进系统深化应用，及时收集基层班组在终端应用方面遇到的困难，切实解决困扰基层班组、影响作业效率的问题。

抓实减负过程管控。发挥班组减负专项领导小组统筹协调作用，在基层冗余、重复的工作负担上做"减法"，在破除惯性思维导入创新方法上做"加法"，加强主动服务基层意识，防范困扰基层的形式主义新表现、新变种。定期调研基层，倾听一线建议，加强上下沟通，畅通反馈渠道。定期掌握基层单位减负工作进展，跟踪落实管理实效。运用信息共享共同解决班组管理提升中存在的"急、重、难"问题和共性问题，督办解决基层单位在班组管理提升中的共性问题。推动减负成效纳入公司日常监督和巡察监督范围。

建设和谐班组家园。持续改善班组条件，发挥基层站所"五小"（小食堂、小公寓、小浴室、小书屋、小菜园）功能，推进"妈咪小屋"等针对性关爱设施建设。做好班组职工安全劳动防护、健康管理和疗休养服务。推进班务公开、业务公开，实现"温馨小家、阳光班务"公开栏全覆盖，统筹推进职工诉求服务点建设，畅通一线职工诉求渠道。丰富职工文化生活，深化"职工小家"建设，打造班组职工的幸福港湾。推广适合班组开展的"健身+身心"系列文体活动，让职工拥有健康体魄和阳光心态。

> 坚持顶层设计，注重卓越班组体系化创建。既继承了夯实基础、精准发力、深化以点带面的精品典型班组创建思路，又创造了新时期谋篇布局的新模式；坚持"创新激励、思想引领"，创新"三个途径、四个关键"的卓越路径，持续激发班组活力，推进班组"向内生长"焕发新机。

第三节　卓越班组建设典型案例

班组建设不但要通过策划解决"干什么"，更要解决"怎干"的问题。首批卓越班组的建设成果质量，对提升其他同类班组管理水平尤为关键。国网浙江电力在推进班组建设的过程中，着力引导基层班组提炼典型案例，形成了一批卓越班组典型案例集。这里，从运检、营销、调控、基建、物资、信通六大类班组，分别选取案例加以介绍。

一、运检班组

（一）数智运用助力蓄电池全寿命周期管理

本案例来自国网杭州供电公司变电检修中心新型技术拓展应用班。

该班组面临的主要问题如下：蓄电池生命周期包括入网、运行、退役三个阶段，涉及大量维护、试验工作。按照过去的工作模式，一是核容试验时间长，且流程繁复，作业效率低，人力投入大；二是无法实时掌控设备状态，异常响应不够迅速；三是受整组电池一致性影响，众多性能不错的蓄电池不得不退役，导致设备利用率不高，落后蓄电池大量堆积，不但增加了运营成本，更存在安全隐患。

该班组提出了蓄电池智能化全寿命周期管控，对不同阶段的蓄电池进行工厂化智能核容、可视化在线监测、定制化远程充放电、绿色化修废利旧，利用数智化手段，自动完成修试流程中繁冗的测试工作，减少人力投入，极大地提高工作效率及设备利用率。其主要做法如下。

第一，针对蓄电池入网阶段，进行工厂化智能核容。该班组融合蓄电池在线测量，开辟出工厂化智能核容区，预先批量完成新蓄电池性能测试，自动采集试验过程中蓄电池的端电压和内阻数据，无需人力每小时测量；放电结束后，系统自动切换设备至充电状态，避免人力手动操作。完成试验的新蓄电池组，到站内能够直接安装投运。通过这种方式，提高了工作效率和试验安全性，职工工作时间也更加灵活，人力成本大大减少。

第二，针对蓄电池运行阶段，实施远程管控及试验。一方面，班组以"数据集控，网格管理"为思路搭建可视化蓄电池智能运维平台，汇集各变电站的蓄电池实时运行数据，并展开智能研判，及时反馈设备异常告警，化"被动抢修"为"主动消缺"，提升异常情况响应速度，实现设备不间断、无盲区管控。另一方面，结合省公司科技项目，完成蓄电池远程充放电技术落地调试，利用平台自带的设备运行数据实时监测功能，自动进行远程定时测试，无需人力操作，极大地简化了操作流程，有效地提升了站用蓄电池的修试效率和运行效率。

第三，针对蓄电池退役阶段，完成循环活化修废利旧。班组建立修复平台，通过多通道切换，批量式活化落后蓄电池性能，延长其使用寿命，避免提前报废。成功修复的蓄电池被重新用作班组日常检修工作的备用电源，继续发挥使用价值。通过这一举措，极大地提高了蓄电池组的利用率，避免了不必要的浪费，同时也降低了电池大量堆积带来的安全风险。

该班组通过全寿命周期精准管控，使蓄电池运维管理从粗放型向精益型、智能型转变。站用蓄电池组核容试验平均所需人力由 4 人减至 2 人，消耗人员工时数由 200 小时/人降至 60 小时/人。新蓄电池平均更换时间由 4 天缩短为两天，工作效率大幅提高。同时，蓄电池缺陷远程识别率达到 90% 以上，站内设备故障次数降低 67% 以上，蓄电池的运行寿命提升 36% 以上，工作效率极大提升。

（二）以全数据共享为核心的变电运检作业体系建设

本案例来自国网湖州供电公司安吉变电运检班。

该班组面临的主要问题如下：①班组日常工作中的零星小散作业计划、任务协调安排，各类报表总结等综合性事务无信息系统支撑；②现有信息系统大多为"自上而下"设计，趋于业务管控，未充分考虑基层应用的实用性和便捷性，基层班组需要花费大量精力在日常作业任务的落实及各专业、各类型数据的重复填报录入上；③跨专业数据共享和关联系统业务融通难度大，现有信息系统无法和基层班组日常生产作业相融合，难以做到真正的业务协同。

该班组创新数字新技术应用，以"数据共享、业务协同"为目标，以"云平台、作业系统、作业终端"为载体，通过班组自身数据业务、系统间数据业务、作业现场数据业务三个层面的数据共享和业务融通，实现一次采集或录入，共享共用。其主要做法如下。

第一，全面开展数据资源整合和质量提升。梳理数据源，完善数据逻辑关联关系，标识数据来源，编制数据资源目录。完善数据共享管理体系，建立数据资源标准、数据交换标准、数据管理标准等规范，促进数据的高效应用和共享。深化数据质量治理，推进数据源端整治，不断提升数据能用、可用、好用水平。

第二，创新打造基层班组的自动化作业模式。研究开发适用于班组日常生产作业习惯的微应用，将其作为班组综合业务的前端操作平台，协同各专业领域的数字化建设成果，解决班组内部综合业务安排无信息系统支撑的现状，实现班组日常业务安排的数字化、智能化。应用以班组计划、安排、反馈及总结的流程为主线，收集只能来源于基层班组的日常生产行为数据，实现对各专业管理系统管控之外的基层班组日常作业行为数据的补充（如班组日常综合性事务计划和任务、人员车辆安排情况、工作完成反馈情况等），利用 Web 报表和数据库可视化操作技术，实现报表总结自动生成、工作任务智能化推送及业务数据归类分析等功能。

第三，探索构建专业协同的作业机制。通过微应用同步各专业信息系统的相关业务数据（如智能运检管控平台、数字安全管理平台、供电服务指挥平台等），构建班组层面的全业务数据中心，开展数据资源二次整合，确保"数据一个源、业务一条线"，自动生成班组自身需求和各专业管理要求的相关数据（如班组周计划及总结、变电运检分析、考勤呈报、月度绩效、工作任务完成情况、问题数据分析、稽查报告、两票统计等各类班组和专业需求的数据），实现报表总结自动生成、工作任务智能推送及业务数据归类分析等功能，真正做到"一次采集或录入，共享共用"。实现设备域、调控域、安监域等领域信息系统与班组智能管控微应用之间数据的共享交互，打造全数据共享的基层班组作业模式。

第四，深化移动数字应用，实现端到端业务在线闭环。根据班组实际业务需求，结合基层班组微应用功能，基于统一架构和模型，开发移动数字应用，深化移动应用与基层班组日常生产业务的融合，用数据引导人员作业，满足基层班组应用操作的便携高效，让基层班组作业一个流程到底，数据一次采集或录入，共享共用，确保线上线下一本账。

该班组实现了日常业务安排的数字化、智能化。班组月平均减少报表 208 张，月平均耗时下降约 59.5 小时。

智能运检管控平台、供电服务指挥平台、数字化安全管控平台三套系统实现数据共享。对比试点单位值班长统计周期内（使用微应用前后的各 3 个月）的电话通信记录，平均每天减少电话沟通约 1 小时，每个月按 22 个工作日计算，月平均减少信息沟通时间 22 小时，工作全流程均实现电子记录。

安吉变电运检班智能管控微应用总体架构如图 4-3 所示。

（三）人机协同提升海岛大跨越电网运维水平

本案例来自国网舟山供电公司输电运检中心（电缆运检中心）线路运检三班。

该班组面临的主要问题如下：① 380 米高塔特大跨越线路跨越金塘岛、册子岛，耐张段 4193 米，跨度广、档距大导致巡视交通不便，巡视效率低，且铁塔结构相较普通铁塔更为复杂，巡检作业难度和工作强度更大；②电网规模不断扩大，巡检量猛增，班组承载力超限，精益化运维与结构性缺员矛盾日益突出；③各类施工外破风险增大，恶劣气象频发，严重威胁人身、电网和设备安全。

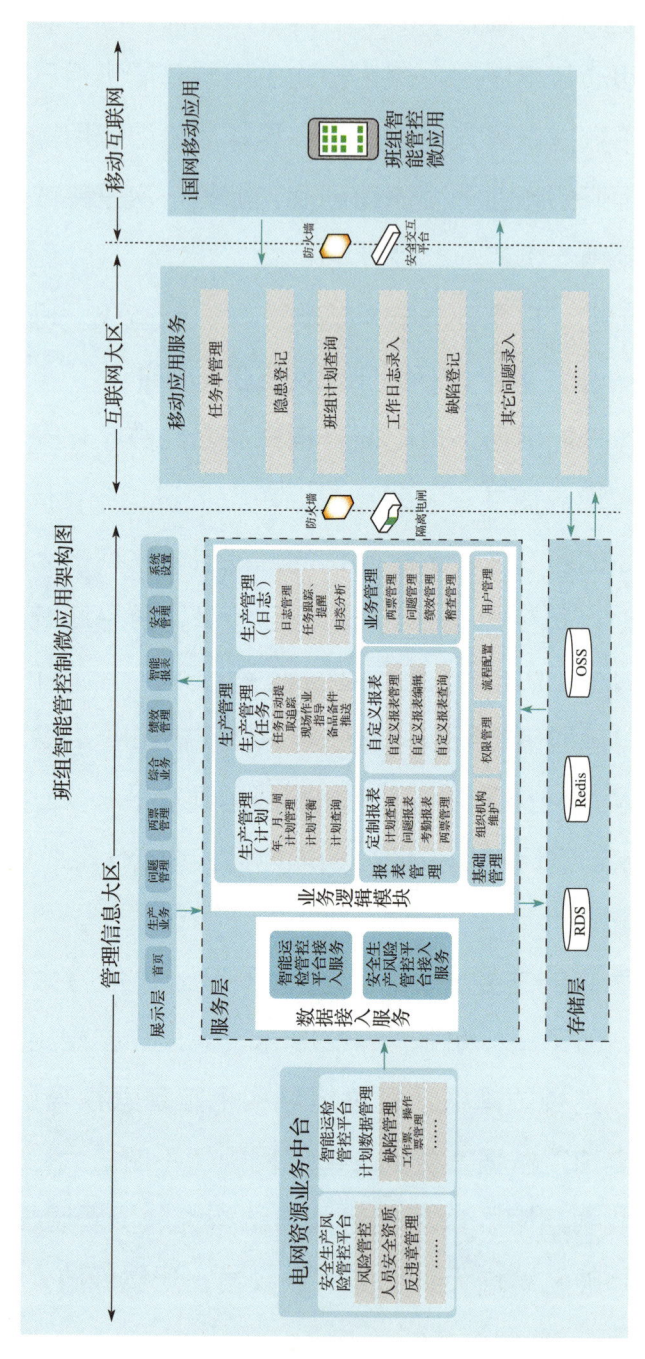

图 4-3 安吉变电运检班智能管控微应用总体架构

该班组创新海岛大跨越电网人机协同智能化运维管理模式，实现 110 千伏及以上线路无人机自主巡检全覆盖，利用无人机自主巡检＋前端感知远程监控＋系统自主识别＋人工后台处置，实现海岛大跨越立体智能巡检，大幅提升巡检质效。其主要做法如下。

第一，畅通人机信息交互渠道，建立智慧管理微应用。依托 5G 技术，畅通人机协同过程中的数据传输通道，实现人工移动终端巡检数据、无人机巡检数据、远程监拍数据、在线监测数据（导线微震动、微气象等）的信息实时回传与后台分析。依托省公司互联网大区建立大跨越输电线路人机协同智能运检管控微应用，运用 5G 无人机先进的传感和测量技术采集数据，通过对先进的设备技术、先进的控制方法及先进的决策支持系统技术的应用，实现数智化管控。通过微应用，可在线查询工作任务、工作票、所巡线路缺陷情况等资料，实现对无人机日常巡检工作的监控与调度，及时发现问题，规避风险，指导人员精准运检，进一步提升大跨越线路运检保障能力。

第二，首建人机协同作业标准，提高智能运检能力。创建大跨越电网人机协同作业标准，对输电线路运维管理标准进行整理，结合实际建立《人机协同巡视标准化作业指导书》《大跨越输电线路无人机人机协同精细化巡检标准化作业指导书》等 10 余项相关标准化管理文件，实现大跨越电网人机协同运检标准全覆盖。打造具备人机协同能力的特战团队，制定《大跨越输电运检架空线路青年员工培训方案》，并组织开展 VR（虚拟现实）沉浸式运检三维仿真实战培训，精选骨干力量组建大跨越运维队伍，对大跨越输电线路运检领域关键性工作任务实施精确作业，力求以小规模人员力量取得高效率工作效果，并为大跨越输电运维班组升级转型提升做好人才储备。

第三，实施人机协同智能巡检，精准识别线路隐患。人机协作规划线路巡检路线，通过 5G 无人机机载三维激光扫描仪，获取线路点云数据集，并构建三维激光点云模型，班员对无人机自主巡检航线进行规划并验证。人机数据交互智慧识别隐患，通过 5G 无人机进行巡视并实施传输数据，相关数据由 AI 缺陷智能识别系统进行分析、识别，判断是否存在缺陷隐患。精准监测线路隐患实时预警，针对航道大跨越架空输电线路的特点，利用图像处理、在线监测、远距离可视化量测等技术，设计完成集数据采集、智能分析、动态监测、状态仿真、自动报警等于一身的航道大跨越安全管控系统，实现航道大跨越等重要输电通道及状态的可视化监控。

自开展海岛大跨越电网人机协同智能化运维管理工作以来，已累计巡视杆塔 26000 余基，一天即可实现 380 米高塔、大跨越及 31.8 千米线路的自主巡检，以及巡检数据的快速回传和后台智能分析研判，较原来周期性人巡 35 人次提升 35 倍、周期性机巡 10 人次效率提升 10 倍。在已建成的 6 回 500 千伏架空线路自主巡检、全景可视建设的基础上，实现鱼山石化 5 回输电线路通道可视化全覆盖，山火预警系统识别山火隐患 55 处，通航预警系统告警 16 次，无人机激光扫测树线隐患 62 处，视频监控装置识别外破隐患 162 次，较同期隐患发现量提升 2.5 倍，避免了可能发生被迫停运事件 24 起，实现了巡检模式由"人巡"

向"机巡"再到"智巡"模式转变,切实做到了贴近现场、机器代人、减负增效。舟山线路运检三班海岛大跨越人机协同作业现场如图4-4所示。

图 4-4 舟山线路运检三班海岛大跨越人机协同作业现场

(四)"管、监、运、检"一体化集控站建设

本案例来自国网金华供电公司华金集控站。

该班组面临的主要问题如下:随着电力技术的发展和科技创新,传统变电站向智能化、智慧化变电站更迭。为适应技术变革,高效发挥智能化设备优势,降低监控重心,强化设备管控,有针对性地进行变电站管理模式创新已成为一种内在需求。

为了减少用户停电时间、提升客户满意度、打造优质电力营商环境,该班组积极探索变电站"管、监、运、检"一体化集控管理方式。其主要做法如下。

第一,强化分析论证,确保建设过程稳步推进。从运检和调控等专业角度分析集控站成立后带来的新变化、新问题,对监控职责变更、现场安全管控、设备检修质量等问题是否影响电网安全开展充分论证。通过明确监控职责、梳理业务流程,解决职责变化带来的新风险、新挑战，为建设"管、监、运、检"一体化集控站奠定坚实基础。

第二，强化流程管控，确保试点工作安全开展。构建"管、监、运、检"一体化集控站专项工作小组，由运检部牵头，以分管领导为组长，安监、人资、调控等部门和变电运维中心共同参与，强化流程管控，积极推进工作落实。明确集控站人员数量、岗位级别、承载能力，根据"管、监、运、检"需求进行轮训和取证。明确监控班岗位职责，细化完善设备监控、故障异常处置等业务流程，落实基础保障，开展试点建设。

第三，强化监控职责，配置监控机器人实现智能监控。由调度部门牵头，将监控职责移交至集控站，班组通过优化业务流程，构建"无人值守+集中监控"的变电监控新模式，促进设备监控由"广而浅"向"精而深"的转变。积极推行监控机器人新技术，以机器辅助监控人员开展变电站主辅设备监控，构建集控站"人为主、机为辅"人机协同新模式，有效提升监控班组设备监控强度和应急处置速度。

第四，强化运检一体，打造设备主人制执行单元。实施"三个管控"，开展设备全寿命周期管理，通过有效融合前期过程管控、检修过程管控、设备状态评价业务，落实"一工程项目一设备主人"的主体责任，执行"一检修项目一设备主人"项目管理责任制，建立设备状态管控机制，提升设备本质安全。依托设备主人实训基地，结合单间隔检修消缺工作，全面提升班组员工实操、实战技能水平。定期开展监控、运维、检修等专业轮岗，实

第四章　卓越班组建设体系架构

现设备主人多专业覆盖，打造"全科医生"型人才队伍。从岗级、绩效、通道三个方面建立健全"全科医生"型设备主人激励机制，按岗位等级兑现薪点工资，并建立班组专项二级考核机制。

第五，强化技术支撑，提升集控站数字化水平。变革作业模式，实现管理数字化，大力推行移动终端应用，通过基于"实物ID"的变电运检 App 移动终端实现五通运维业务流程在线化和全类型巡视记录标准化、电子化、无纸化；同时运用智能运检管控平台，全面掌握设备台账数据、设备超周期情况，提升对设备的管控能力。依托表计远传技术、在线智能巡视等智慧站技术，实现变电站巡视机器替代，促进变电站从人工巡检向机器巡检模式的转变，实现主辅设备信息全面监控；通过闸刀位置双确认和智能防误技术，实现一键顺控操作，大幅提升操作效率和防误操作智能水平，优化集控站管理。华金集控站智能运检管控平台应用如图 4-5 所示。

图 4-5　华金集控站智能运检管控平台应用

一体化集控站运行后,其下辖变电站每站监控人员人站比由0.034人/站提升至0.077人/站,设备监控强度有效加强。集控站故障处置时效性由15分钟减少到5分钟,处置效率提升3倍以上。培育上岗"运维+检修""运维+监控"双专业技能人才34名,构建了一支"会监控、精运维、懂检修"的人才队伍。"无人值守+集中监控"变电监控新模式和"设备主人+全科医生"变电运维新模式,减少了业务流程环节,提升了变电运检效率。

二、营销班组

(一)基于工单化模式的数字化供电所建设实践

本案例来自国网宁波供电公司鄞州东钱湖供电所。

该班组面临的主要问题如下:国网公司提出构建以新能源为主体的新型电力系统,省公司启动新型电力系统省级示范区实施方案,国网宁波供电公司聚焦"一流电网、一流企业"的发展目标,东钱湖供电所亟需提高管理和作业效率、提升指标水平、减轻班组负担,以实现业务模式、激励机制、人员能力、服务水平等方面的同步升级。

东钱湖供电所试点实施"三化九改"工作("三化":业务工单化、工单数字化、数字绩效化。"九改":改变"信息归口、组织形式、作业模式、技术路线、驱动方式、定编方案、工分模型、分配思路、辅助决策")完成数字化供电所基本建设。其主要做法如下。

第一,技术升级。依托数供平台,完成"三化九改"建设后，从推广通用终端、智能设施升级、数字员工应用三方面开展供电所数字化建设升级，实现"一人一网格一终端"的数字化管理模式升级。①推广通用终端。按照"中压专业协同，低压营配融合"的原则，高低压班组推广通用型移动终端，试点基于"i国网"的供电所移动典型应用集市，实现供电所高低压全业务工单化管控。②智能设施升级。数字化升级供电所备品备件仓、安全工器具仓、智能表库，提升供电所专业仓库管理能力。完成乡镇地区 HPLC 电能表全覆盖，通过智能融合终端和 OLT（光线路终端）设备打通营配融合"最后一公里"，建成智能物联台区。③数字员工应用。充分应用 RPA（机器人流程自动化）技术模拟数字员工，帮助供电所各岗位员工完成重复录入、统计、信息校验查询等低效工作，提升工作效率和价值产出。鄞州东钱湖供电所 RPA 数字员工应用模型如图 4-6 所示。

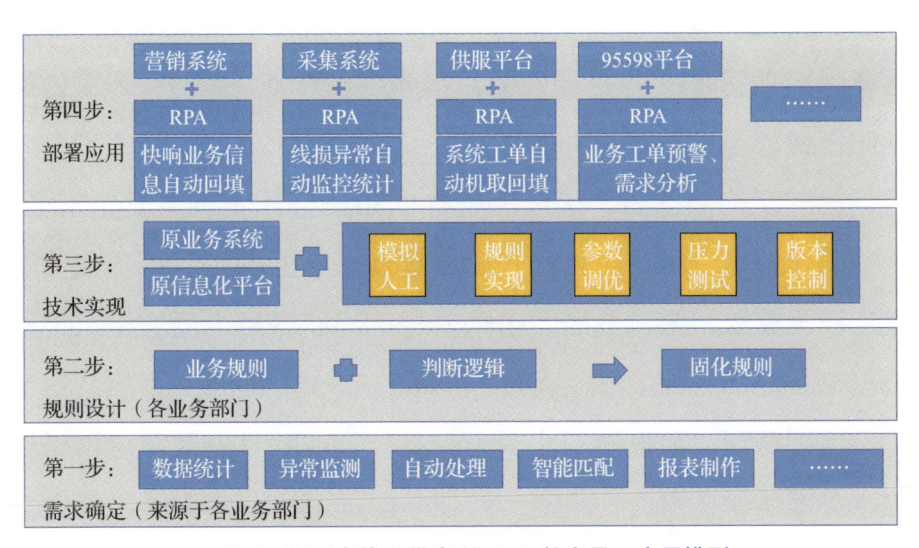

图 4-6　鄞州东钱湖供电所 RPA 数字员工应用模型

第二，业务优化。搭建基于工单化的作业模式和绩效管理体系，进一步拓展业务工单化应用场景，实现高低压营配全业务及综合管理的工单化作业、任务信息统一对称、业务质量智慧稽查、目标指标可控在控、风险预警智慧监控。①全业务工单化作业。以高低压营配业务、综合管理业务为工单化作业范围，梳理整合业务清单、岗位职责、作业规范、实施要求，形成业务工单化标准。②全业务扁平化管理。由东钱湖供电所综合班统一信息归口，各专业部门通过业务解读落实四类清单管理（四类清单：问题清单、任务清单、责任清单、方案清单），实现指标与业务工单关联，工作执行质量可追溯，工分绩效考评有依据。③业务融合场景设计。聚焦业扩报装、抢修服务、设备巡视、表计轮换四大业务场景，结合149项工单业务子类，考量近似作业时间、作业地点、服务对象、关联物资等因素，设计末端业务融合场景，执行层面以工单合并派单形式一次派单、多任务组团作业，管理层面通过业务或服务目标分析，有效提升作业（服务）一次到位率和作业效率。

第三，价值挖掘。通过工单数据和任务轨迹还原工作现场、评估工作效能、测算工作时长、构建现场作业模型。按照数据收集、技术支撑、需求挖掘、价值输出的思路开展价值挖掘，包括岗位精准培训，业务融合模式（规则）研究，指标（目标）精细化可追溯管理，数据质量全渠道交叉校验，业务廉政风险预警管控，关联工单（物资、车辆、计量）套餐设计，物资出入库规范管理等。

东钱湖供电所基本建成了数字化驱动管理体系，构建了供电所前后台组织方式，重新设置人员定编，以数字工单形式驱动各项业务，充分调动员工积极性，提高了劳动生产效率和整体管理水平。同时，基于全业务工单化的价值驱动模式值得其他供电所参考借鉴。在供电所承载力评价方面，基于日均工单和日均工时数据，结合台区用户特征、用户数量、地理路径和岗位技能水平，按岗位设计供电所员工及班组承载力评价指数、优化奖金绩效分配方案、辅助决策业务回归方案。在自动合并派单方面，通过业务融合规则，利用RPA机器人根据近似作业地址、作业时间范围、同类作业规范要求、业务技能要求等规则，自动合并作业项，设计最优路程，提高作业效率。

（二）多维度薪酬分配实现绩效激励驱动

本案例来自国网海盐县供电公司沈荡供电所。

该班组面临的主要问题如下：第一批上岗的农电一线岗位人员逐渐变老，供电所迎来了退休高峰，造成局部缺员。一线人员年龄结构有的不合理，部分大龄员工学习意愿低、能力短板明显，部分临近退休人员劳动积极性降低，影响供电所"全能型"建设和电网运维、供电服务能力提升，也限制了供电所运行效率的提高。针对以上问题，该班组在实施二次分配过程中，建立了一套奖勤罚懒、合理拉开差距、公平公开的五星绩效考核体系。其主要做法如下。

第一，构建技能星，评价技能水平。根据员工技能等级、必备证书、能级水平、竞赛调考等内容构建技能星，采用"基础评定+升星鼓励"的方式进行技能星的评定，驱动员工自主提升技能水平。基础评定以员工技能等级或职称等级及员工所在岗位的必备证书作为基础技能星级评定的要求，如初级工为一星，高级技师或高级工程师为五星。升星鼓励是针对在竞赛调考上取得优异成绩和通过对应工种能级评价的员工进行额外技能星级奖励，如获得市公司竞赛个人前四至六名可以获得3个月的升星时效。

第二，构建设备星，量化基础工作。以供电所网格化管理为基础，区分设备承担人员和后台管理人员，构建计算模型。设备承担人员以管理片区的设备数及用户数为基础，以数据可量化和工作关联高为主要标准遴选工作量影响因素，如配变台数、配变容量、线路条数、总保台数、用户数等，并依据供电所各自辖区特点赋予不同权重。后台管理人员以工作关联度或管理层级为依据，选取合适的量化计算基数。根据所有人的设备分值，采用最高值标杆法，最高值为设备星五星级，运用差值计算其他人员的星级。

第三，构建业绩星，考核工作业绩。通过关键考核指标得分与工单得分计算员工业绩分，并采用最高值标杆法进行星级划分。关键考核指标设置8个指标大类、38个二级指标，每个二级指标对应关联岗位，通过指标数值考核到人。以工单为核心，以乡供系统为平台实现数据自动获取、自动计算，形成工单分。

第四，构建安全星，区分安全职责。安全星构建以员工承担的安全责任和安全活动履职规范为主要评价标准，以一线员工在作业现场安全规范、安全平台管控使用、安全活动参加次数、工作负责人承担次数为主要内容,通过细化星级标准,促进员工主动承担安全事务,加强安全意识。图4-7为沈荡供电所五星绩效考核模式。

图4-7 沈荡供电所五星绩效考核模式

第五,构建团队星,考核综合表现。团队星的构建主要是考核员工的综合素质表现,采用发生制扣分评价,评价内容包括行为规范、精神文明、工作纪律、班组建设、企业文化、党建考评六个方面。表4-3为绩效奖金星级计算方法示例。

表4-3 绩效奖金星级计算方法示例

星级	一星	二星	三星	四星	五星
团队星奖金	X×4.17%-4a	X×4.17%-3a	X×4.17%-2a	X×4.17%-a	X×4.17%
技能星奖金	4.17%-3b	4.17%-2b	4.17%-b	4.17%	4.17%+b
安全星奖金	X×8.33%-2c	X×8.33%-c	X×8.33%	X×8.33%+c	X×8.33%+2c

注 表中团队星、技能星、安全星的基准星级分别为五星、四星、三星,星级奖金差额分别为a、b、c,X为人均绩效奖金数。

该班组推行五星绩效体系一年多来,其在市公司供电所精益化排名体系的31个全能型供电所排第3名。网格员的工作积极性和学习意愿大幅提升,2022年24人通过培训具备中低压营配业务能力，32人通过培训具备低压营配、中压营销业务能力，有效缓解了供电所结构性缺员问题。

（三）基于全要素发力的高效运维体系

本案例来自国网丽水供电公司缙云新建供电所。

该班组面临的主要问题如下：①供电所辖区内故障工单常年居高不下，单2020年就高达197张，另外还有两张投诉工单；②配网环境复杂、故障频发、工单增多、运维周期长等根本问题亟需解决。

新建供电所依托"配网自动化设备、巡检无人机、智慧调度平台、即时通信软件"等自动化、信息化、数字化现代装备技术，构建基于"人、机、料、法、环"全要素发力的高效运维体系，深化辖区网格精益管理，助力班组数智转型提升，推动班组生产运维效率大幅提升。其主要做法如下。

第一，加强高素质专业化人才培育，有效解决员工技能不高等问题，激发"人"之技能。依托"青年·进化论""技能大比武"等载体及学习型平台，深化师徒制、导师制，丰富专业知识、提升技术技能，助力运维质效提升。

第二，加强配网自动化及柔性调控，有效解决设备性能不好等问题，依托"机"之智能。以智能开关、故障指示仪为网架核心，实现辖区配电自动化全覆盖，提升电网设备性能：安装智能开关83台，故障指示仪127台，实现电缆线路"三遥"和架空线路就地型自动化覆盖率两个100%。开展架空线路合闸速断FA应用，提升柔性调控水平：10千伏溪南G134线上首次实现合闸速断 FA 功能应用，实现主线故障秒级隔离转供、分支线毫秒级接地切除，助力设备可靠性提升。立足新型电力系统"清洁低碳、安全可控、灵活高效、智能友好、开放互动"的理念，瘦身健体、融合应用供指系统，提升智慧柔性调控水平。

第三，推进数字化仓储建设，有效解决物料供应不力等问题，用好"料"之功能。探索推进数字化、智能化仓储建设，规范备品备件等物料管理，为运维抢修节约配送时间。

第四，创新信息沟通方法，有效解决运维流程不精、网格管理不善等问题，彰显"法"之效能。深化全能网格管理模式，通过抢修电话公开、内部工单同质化管理、客户微信服务群构建、政企联动机制建立等优法良策，提高沟通效率、精简抢修流程、及时疏导客户情绪，实现快速定位、快速研判、快速出动、快速抢修、快速复电。首先，在配电设备和表箱上张贴抢修电话，实现 33000 多户全覆盖。其次，建立故障后巡检清单，对清单上各个步骤进行核查，及时发现故障隐患。再次，精准开展就近服务，播报抢修进度安抚用户情绪，加强沟通、提高抢修电话价值转化率。另外，充分与社区便民服务中心、村委会对接，并鼓励网格人员加入相关微信群，发送停电信息，及时关注并解答群内涉电问题。最后，召开政企协同办公会，第一时间掌握政府、学校、企业等客户的用电提升需求，建立 95598 敏感客户清单，及时主动向报修用户推广宣传内部报修电话，引导用户下次遇到同类问题，拨打内部报修电话，实施精益预防性（L-TPM）维护，及时整改、消缺，持续提升配网可靠性。

第五，优化配网运行环境，有效解决巡检不勤、投诉风险大、运行环境差等问题，发挥"环"之动能。运用无人机、电网集中监控系统等，加强线路走廊清理，优化电网运行环境，提升电网本质安全及可靠性，从源头有效降低配网故障率、降低客户投诉风险，切实践行"人民电业为人民"的企业宗旨，助力电力营商环境优化。图 4-8 为缙云新建供电所多融合智能巡检作业。

图 4-8　缙云新建供电所多融合智能巡检作业

通过全要素发力的高效运维体系的构建与实践，保障运维质效、优质服务人民，彰显"缙善缙美"。配电自动化数智建设有效缩短故障查找范围，减少故障研判时间和停电时间，提升电网供电水平，提高了联络线路负荷转供能力。2021 年故障时户数减少 430 个，同比上年下降 67.29%，故障平均处理时长 25.72 分钟，同比上年下降 56.55%，供电可靠率 99.9890%，95598 故障工单 118 张，同比下降 40.17%，保持全年零投诉。

（四）蓝领队伍能级发展通道建设的探索与实践

本案例来自国网松阳县供电公司城区供电中心。

该班组面临的主要问题如下：①蓝领队伍员工成长通道单一，受职务通道承载力、覆盖面限制，未来发展空间较窄；②薪酬激励不够充分，能力、岗位、薪酬不对应，员工提能、提绩、提效的动力不足；③原有绩效考核机制和技能评价手段相对粗放，考核评价标准不够清晰精准。

该班组聚焦现代供电服务体系要求，通过搭建总体架构、制定评审标准、明确评审内容、组织实施评审，建设蓝领队伍能级发展通道，全面打造"四有"蓝领工匠队伍。其主要做法如下。

第一，搭建总体架构。在职务通道外，设置能级发展通道，打造员工职务、能级双通道成长体系。在层级上，由低到高设置一至八级，采用逐级晋升制。在规模上，按照金字塔结构控制比例，一至二级员工规模根据实际情况合理设置，三至八级员工不超过总人数的8%、6%、5%、3%、2%、1%。在管理上，评定程序分为逐级推荐、分级评审和综合审定，县公司负责管理一至八级，市公司负责六至八级审查。每届聘期三年，期满解聘。在薪酬上，能级工资按照"八级员工薪酬按同体制普通员工平均收入的两倍控制，七级员工、六级员工的薪酬分别按八级员工的90%、70%执行，五级及以下逐级递减"的原则设置具体数额，综合考虑人数、总额、职务职级等因素，确定一至八级员工从2000元/月到10000元/月的能级工资标准。图4-9为职务、能级双通道成长体系。

班组建设卓越之道

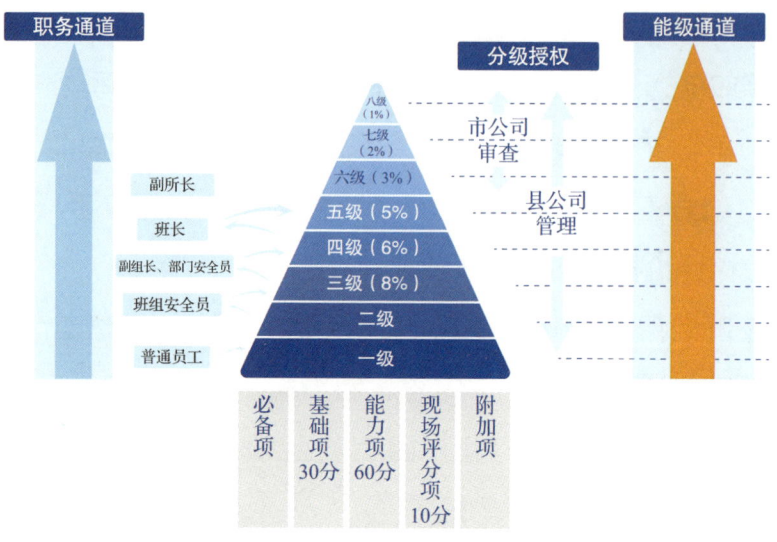

图 4-9 职务、能级双通道成长体系

第二，制定评审标准。设置基础项、能力项、现场评分项和附加项四个维度评审标准。明确职业技能等级、历年绩效积分、技能评定结果、能级评审积分四大必备条件。设置破格聘任机制，不受选拔人数限制，主要对象为取得竞赛优异成绩的员工。

第三，明确评审细则。制定"一库一书"，明确评审内容和具体细则。"一库"是指《供电所岗位技能标准库》，划分出设备主人、台区经理、综合柜员、综合事务员四类岗位，梳理形成岗位职责、岗位条件和技能评价标准。按照"级高、技多、能强"的原则，逐级递增考评科目，最终按照理论20%、实操80%的比例评定成绩，划分出A+、A、B、C、D五个等级，采用差值法分别赋分，作为工作能力项最终得分。"一书"是指《供电所绩效积分指导书》，主要用于量化工作业绩。制定管理、内勤、外勤三类人员工分库。依托积分制二级绩效，形成真实、公开、准确的工作业绩总分，从高到低划分一至四档分别赋分，同一部门同一档人员按差值法递减排序打分，作为工作业绩项最终得分。

通过职务、能级并行的成长双通道，成功打破职业成长天花板，充分凝聚"高能高薪、多劳多得、优绩优酬"的价值认同，队伍内生动力获得有效激发。农电员工中高级技师实现零的突破，人员回归基层供电所，大量业务回归自主实施，人员日均出工次数同比增长39%。先后创新智能断线钳、智能套筒等系列工器具，填补全国带电作业工器具空白，累计获得发明专利3项，实用新型专利11项。2022年，松阳城供中心员工以"教练＋主力队员"的身份，助力省公司获全国不停电作业竞赛产业组一等奖。松阳城供中心获市公司城供中心管理提升一等奖，连续4个月入围国网线损百强所，获省公司五星级班组等荣誉。

（五）基于"i国网""掌上数供"的业务流程管理

本案例来自国网桐庐县供电公司横村供电所。

该班组面临的主要问题如下：①管理模式不高效，业务流程必须由平台端发起，导致部分业务派单不及时、流程搁置；②业务流程不到位，工单和专业系统流程相对独立，现场处理和系统流程不同步，需重复录入，费时费力，错误率较高；③服务客户不及时，现场处理环节所需生产要素不能及时领取，有时还需来回奔波；④数字绩效不准确，工单评价都在PC端，月底统计时偶有遗漏发生，导致人员积极性起伏较大。

该班组基于"i国网"平台，突破内外网界限，打造数智化供电所工作台"掌上数供"，有效破解供电所管理、服务、作业领域"多系统、多终端、多专业、多头维护"等难题，实现供电所业务"一单作业"。其主要做法如下。

第一，聚焦移动办公，推动全流程管控。升级移动微应用，将原先营销类、运检类等内网应用升级优化全量迁移至"i国网"，打造数智化供电所工作台"掌上数供"，通过普通手机"拍一拍""扫一扫""点一点"，彻底摆脱专用终端，减少手工录入，实现管理降本、基层减负。助力便捷访问内网应用，实现全业务移动办公，管理人员可随时随地完成派单，现场作业人员可第一时间接受任务并及时完成，解决了部分工单流程搁置、处理不及时的问题。

第二，同步专业系统流程，助力基层减负增效。作业人员在移动端对表计信息、归档资料等业务流程在线上完成填写，信息通过数字工单形式上传至专业系统，并同步至相应模块，避免了重复录入，解决了现场和系统端多次操作造成错误的弊端。同时，利用"i国网"平台上传图片文件、地理位置经纬度、录音等基本功能，进一步推动数字赋能，促进减负提质。

第三，拓展现场生产要素，提升服务质量。通过数字工单拓展备品备件、安全工器具、车辆等业务生产要素，实现数据一次录入、多系统共享，让管物更加精细。在触发工作任务后，以数字工单模式推送至各专业系统，实现数据只录一次，多系统共享，每一张工单与生产要素"一一对应"。同时拓展工单和计划、工作票相关联，现场作业人员在完成勘察后可在移动端直接开票，第一时间为用户提供服务，既提升了现场安全，又实现了服务客户"最多跑一次"。

第四，数字绩效透明化，提升人员积极性。工作网格责任人完成后，经后台质量评价自动生成工作积分，可作为网格责任人绩效奖金的发放依据。在"一平台"上构建工作积分模型，通过移动化工单评价，管理人员可在工单完成后第一时间完成评价，工作人员可随时在移动端查看个人工单得分及排名情况，实现工分记录智能科学、及时有效、公开公正。

该班组自2022年4月开始，基于"i国网""掌上数供"的业务管控通过移动化派单，终端的使用率从95%提升至100%，工单完成率从90%提升至100%；通过同步专业流程规范，归档资料的准确率从96%提升至100%；通过拓展生产要素，业扩装表时限从3个工作日，缩短至2个工作日。

三、调控班组

（一）"人工智能+网络化"配网调控模式构建与应用

本案例来自国网杭州供电公司余杭调控运行班。

该班组面临的主要问题如下：①对调度人员新知识新技术的掌握提出了更高要求。新型电力系统融合了传感、通信、计算机等多种关键技术，电网调度人员只有掌握了与之对应的新知识新技术，才能顺利进行配网调度工作。②在复杂的电网结构下调度人员调度决策难度更大。当前电网复杂程度日益剧增，调度员远程通过人机交互，对电网实时状态进行认知决策，人因风险对电力系统安全运行的影响重大，单纯依赖人的主观能动性已无法达到电网调度工作的安全要求。③配网生产调度业务"枢纽拥堵"影响供电服务效率。生产调度任务存在大量简单重复串行的机械流程，随着供电可靠性要求不断提高，停电时户数管控进一步收紧，必须加快转型升级步伐，创新调度业务模式。

该班组将传统电话发令、点对点单线调度模式转变为"人工智能+网络化"多任务并行调度模式，并利用配网自动化系统故障研判及复电等新型技术手段，提升调度工作效率和安全管控水平。其主要做法如下。

第一，智能升级，构建"人工智能+网络化"调度业务模式。将调度规程等材料融入人工智能平台，并针对电力行业特定术语、设备名称进行专项机器语音识别训练，使人工智能可以与现场工作人员精准沟通、规范执行并下达指令，从源头上减少或消除人为决策的风险。集操作票开票、审核、预令、正令功能于一体，打造"网络化下令"环境。通过网络直接将调度操作命令发送至变电站后台或运维人员手持终端，受令人同样在平台上进行接收、复诵、汇报操作命令。避免了电话调度点对点、占线、等待等弊端，提升调度业务整体效率。相应准备工作包括：排查各变电站网络化下令硬件条件，统一开通访问"调控云"权限，保障主网网络化下令具备上线运行条件；修订余杭调度操作票拟票规则以适应网络化下令，维护厂站、班组、人员信息，赋予相应权限，保障发令过程中相应流程顺利通过。

第二，流程再造，提高"人工智能+网络化"核心业务效率。人工智能执行多部门、多线程、多任务并行处理模式，对配网报警信息瞬间进行判断处理，自动完成变电站全停负荷转移、恢复送电等一系列动作。调控员确认后，人工智能会立即告知抢修人员故障范围、隔离措施、安全注意事项、操作规范等内容，并发送到抢修人员手机上。

第三，推广部署，完善"人工智能＋网络化"调度业务体系。对全体运维人员开展"上岗取证"工作，通过模拟人机对话的运维人员可使用虚拟坐席，原则上要求所有供电所运维人员必须通过模拟人机对话考试。推广前使用测试操作票，让所有人员进行测试，及时解决应用中遇到的问题；推广时服务人员驻点，快速解决实际工作过程中遇到的各类系统问题，严格按照实施方案及实施计划进行节点管控。网络化发令管控清单如表4-4所示。

表4-4 网络化发令管控清单

序号	环节	事项	责任人员
1	基础信息维护	新站投运前10天，获取IP，申请访问调控云权限（国网浙江电力防火墙规则调整工单）	运维单位技术员将信息汇总，部门盖章后发送给地调专职，同时抄送调控班长
2		新运维人员取得接令权限（受令人员账号清单）	
3	网络测试	新站投运前3天，完成变电站网络化发令电脑安装，登录调控云操作票系统测试	变电站设备主人、技术员、供电所运维人员、当值调控员、信通人员
4		所有变电站、手持终端要求每两周进行一次网络测试，并根据调度关系将测试情况通过OA（办公自动化）告知相关调度	
5		发现网络故障，立即汇报调度台，调度台确认是否为平台问题，如平台正常，则要求信通24小时消缺	

续表

序号	环节	事项	责任人员
6	拟票、审票	系统默认拟票、审票人员必须为当值人员，若非当值人员参与拟票，需将人员信息维护到当值	当值调控员
7	预令	工作前一天下午发送预令，晚班人员检查预令是否都已接收，若存在未接受的预令，电话提醒、确认接收	白班调控员发预令、晚班调控员检查预令接收情况
8	正令	按计划时间发送正令，超5分钟未接令，电话联系现场	当值调控员
9	异常处理	在操作票拟票、审核、预令、正令等执行阶段遇到异常，立即联系管控组，根据意见转电话令，班组长将问题记录汇总，每周五形成问题报告	当值调控员、班组长

该班组通过网络化下令避免了出现漏听误接等情况，缓解了调度台在工作高峰时期电话无法呼入、枢纽堵塞的情况。平均每天减少调度台电话208次，全年总计节约近400工时，调控员可将更多时间用于对电网风险的关注。2021年累计减少现场发令等待时间达680小时，可节约停电时户数1500余个。图4-10为余杭调控运行班"帕奇—人机"对话操作场景。

图4-10 余杭调控运行班"帕奇—人机"对话操作场景

（二）调控机器人在提升应急处置能力中的深化应用

本案例来自国网金华供电公司地区调度班。

该班组面临的主要问题如下。①海量信息融通难。新能源和新型用电设备数量爆发式增长，多时间尺度电网百万测点、气象地理等多源异构信息融合贯通困难。②复杂场景决策难。电网运行随机性、复杂性逐年攀升，运行风险持续加大，优化控制和综合防御极其困难。发生密集故障时，数秒内将涌现上千条告警信息，超出人脑处置极限。③多方协同交互难。紧急情况下，需多方沟通协调，常规交互模式易造成信息堵塞和遗漏，难以满足快速、精准处置的要求。

该班组在浙江省调指导下首创调控机器人实现智慧调度辅助决策——利用"调控云"大数据平台实现多源数据融通，通过多智能体强化学习、电力知识图谱技术实现复杂大电网的优化调度，采用智能语音、网络化发令等方式实现多维高效交互，助力电网"看得清、想得明、控得好"。其主要做法如下。

第一，数智融合，全景感知。基于国网浙江电力"调控云"，首次构建了电网内部数据和气象地理等外部信息的全景大数据统一模型。打通数据壁垒，纵向贯通了 0.4 千伏至 1000 千伏全电压等级电网运行数据，横向实现了电网运行、清洁能源、电力市场、用户营销、气象地理等多源异构信息的精准关联和跨域透视，全局状态感知能力跃上新台阶。

第二，数智驱动，精准调度。首次将多智能体强化学习和电力调度知识图谱技术应用于多时间尺度下电网风险自动预警、故障精准研判和海量方式统筹。结合台风路径等外部信息，提前辨识设备运行风险并发布预警信息；通过快速抓取、过滤、归并及分析海量告警信息，生成复杂场景下故障报告，协助调度人员洞悉事件发生时序及发展方向；智能推送调度控制策略，优化协调电源、电网、负荷、储能等各类可调资源，做到"早发现、早诊断、早处理"，提升电网驾驭能力。

第三，数智赋能，高效交互。贯通智能语音、网络化发令及电子公告牌等多维交互方式，首创电网调控领域"人—机—网"智能交互新模式。构建了电力调控业务专用语音库和语料库，利用卷积神经网络算法进行迭代训练，提高识别准确率，实现运行大脑与调度、运行、检修、管理等专业人员高效交互；利用网络化并行交互模式，替代传统电话串行下令方式，实现调度指令精准、快速下达，提高调度操作效率；建立电子公告牌，实现关键电网及人员状态信息一键式共享，提高大电网集成调度水平和运营管控能力。

该班组对调控机器人故障处置策略推送功能开展清单化改造后，调度台对电网故障应急处置能力得到进一步提升。例如，2021年5月10日22时55分至23时28分，金华电网遭遇极端强对流天气，先后发生110千伏主变跳闸、35千伏系统单相接地、35千伏线路跳闸和110千伏线路跳闸等6起故障，从22时50分开始的4小时内，调度电话拨打接听共计89条次，当值操作网络化下令21条次，相关单位人员业务交互17人次。在调控机器人应急处置辅助决策的帮助下，值班调度员圆满完成了上述 6 起故障的处置。2021 年，金华电网共发生 110 千伏及以上故障 43 起，均妥善处置。图 4-11 为金华地区调度班运用调控机器人进行调度操作。

图 4-11 金华地区调度班运用调控机器人进行调度操作

（三）以配网总指挥长为核心提升故障抢修指挥效率

本案例来自国网常山县供电公司调控运行班。

该班组面临的主要问题如下：①发生配网线路跳闸或接地异常后，涉及多系统、多班组相关信息汇总、分析，因收集信息不及时、不全面且数字化手段少，导致配网故障研判耗时长、准确率低；②雷雨天气大范围线路跳闸后，在抢修指挥过程中队伍协调、物资调配、舆情风险管控效率不高，存在多头重复请示、汇报，延误抢修时间。

该班组从"业务＋技术＋管理"出发，围绕"向故障要时户数"的目标，以提升故障研判和抢修指挥效率的核心，通过优化抢修指挥模式，创新数字新技术应用，形成以配网总指挥长为核心、数字化牵引为手段的山区配网故障抢修指挥模式，实现抢修指挥全过程可视可控、精益高效。其主要做法如下。

第一，优化抢修指挥模式，提升综合协调能力。选拔配网总指挥长，以自愿报名—组织培训—综合考评的方式选拔能力均衡的人员担任配网总指挥长，以津贴的形式落实总指挥长待遇，形成年度配网总指挥长考核聘任制度。以运行监盘、处置指挥、抢修队伍领航、故障分析陪审、处置评估复盘来厘清业务流程、明确协调机制，建立"1+9+3"抢修指挥模式，由当值1名总指挥长统筹，纳入5个供电所、4个班组，实现把控故障处理过程、优化资源调配、防范服务风险3项功能，特别是在雷暴天气，由总指挥长统筹协调，以最优抢修巡线及队伍配置方案，打破传统属地抢修管理的模式，从属地单点补给变为网状补给，缩短沟通协调环节，做到以近为先、以快制胜，提升指挥效率，如图4-12所示。

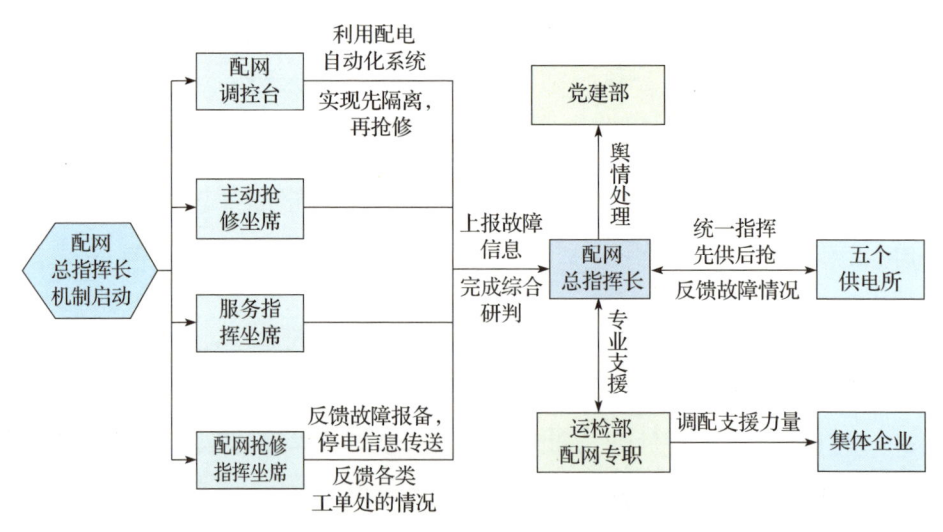

图4-12 "1+9+3"抢修指挥模式

第二，优化图数核查手段，筑牢调度数据底座。以配电自动化主站系统线路单线图为基准，由供电所高压运检班员担任配电自动化设备数据主人，重点关注线路上智能开关、故障指示器，通过计划工作图形异动跟踪和集中核查两种手段常态化开展图形正确率核查。同时运用 RPA 流程机器人按 10 分钟/次自动登录 PMS3.0 系统、配电自动化主站系统，对线路故障停电后，所属停电段智能设备电流数据进行召测，并对电流异常的设备以清单形式下发配电自动化设备数据主人，完成图数一致性治理，确保数据准确无误。

第三，创新数字技术应用，提升故障研判效率。根据故障研判数据源分析实际业务需求，基于国网部署的统一用数平台，开发基于 RPA 和 Python 故障研判助手，通过智能设备台账数据，按照位置数据构建设备拓扑标识，以智能开关作为分段，根据智能开关台账数据，添加开关主线、支线标识，RPA 在 10 分钟/次循环扫描配电自动化系统发现的故障信息后，启动 Python 程序从配电自动化系统主站后台（后台取数方式极大减少了传统故障研判从后台读取到前台界面的时间）获取智能设备故障数据，按照拓扑标识形成研判结果，并通过协同办公短信通知抢修指挥人员和供电所抢修人员，提升故障研判效率。

该班组通过以配网总指挥长为核心、数字化牵引为手段的抢修指挥模式优化，接地故障研判准确率由 37% 提高到 81%，故障点定位准确率由 31% 提高至 72%，跳闸故障研判时间由 28 分钟下降至 2 分钟左右，通过 RPA 替代，减少配网监测班故障研判坐席人员 2 人，供电可靠性连续三年位居全市第一，提质增效成效明显。

四、基建班组

（一）数字化定位和三级校审在提升设计质量中的应用

本案例来自嘉兴恒创电力设计研究院配网设计室。

该班组面临的主要问题是如何提升工程设计质量，提高本单位核心竞争力。设计工期的长短受工程难度、工程大小及工程现状等方面的影响，而设计方案和图纸质量则需要严格执行三级校审制度。

该班组运用数字化平台记录设计图纸的派遣时间和出版时间，督促设计人员按时完成图纸设计任务，同时记录整个校审流程，精准定位三级校审职能，提升设计质量标准化管理，做好图纸电子档案归档。其主要做法如下。

第一，强化设计时间管理。数字化平台直观显示设计人员接受设计任务的时间，自动设置各项任务计划完成时间，并按照计划完成时间分类排序，在电脑页面上每日提醒设计人员五个工作日内的工作计划，督促设计人员及时完成。有效杜绝了部分设计人员时间管理能力较弱，交付期限前疯狂加班赶工，导致设计图纸出错多的现象。

第二，强化设计方案管理。配网设计室设立了 4 个小组，组长是经验丰富的设计人员，担任图纸校核任务。小组成员的设计方案均由组长确定可行性，以此保证设计方案的质量。对于复杂程度高的设计任务，组长可在每周例会上提请设计室全体成员共同讨论，确定最终设计方案。

第三，强化图纸质量把控。制定设计校审细则，明确三级校审的责任范围和应审内容。出版施工图规范化模板，制定包括图例、图层命名、字体大小、工程量表格清单、图纸目录清单等各项制图规则，通过校核图纸是否齐全、设备选型是否合理、工程量有没有矛盾、与供电方案是否匹配等提升图纸质量。

该班组通过数字化平台为设计人员提供有效的时间管理策略，6个月内工程完成数量同比增加了8%，工程平均用时缩短了11%。通过精准定位三级校审职能，有效提升设计人员图纸质量，1个月内设计图纸修改次数减少了15%，委托设计顾客好评率达到了100%。图4-13为嘉兴恒创配网设计室无人机航拍数字化定位实训。

图4-13 嘉兴恒创配网设计室无人机航拍数字化定位实训

（二）创新"321"基建工作法推进卓越班组建设

本案例来自浙江送变电公司变电检修（调试）公司综合室。

该班组面临的主要问题是在新型电力系统建设和送变电公司"双百改革"大环境下，工程量大增、业务面拓宽、施工技术快速更新迭代等新情况，需要积极应对安全风险增高、质量管控变难、队伍培养放缓等问题。

该班组按照"321"的思路，施行"一模式、一体系、一平台"的"三个一"工作法，全面推进卓越班组创建。

第一，抓住基建班组核心业务，以安全管控带动生产，实行数字赋能、技术引领，打造"三维管控"模式。班组响应基建"六精四化"行动要求，引入基建工程信息化手段，通过基建智慧工地、应用e基建系统、现场视频远程稽查系统等措施，坚持远程视频监督与施工现场监管相结合的安全管控模式，实现远端全过程安全管理，主动参与现场反违章智能检测设备研发和试点应用。班组自主从事变电站系统集成联调、新设备投运标准化管控、大型主设备通流试验等关键调试核心业务研究实践，实现基建调试全过程管控，全面推广至全省基建项目应用。完成±800千伏特高压浙北换流站1座、菲律宾±350千伏换流站2座、500千伏新建站1座、220千伏及以下新建站7座、换流站年检1座次、220千伏以上扩改建工作数十项等项目，有序推进国外工程业务承接，通过创建调试精品工程打造浙江电力基建"金名片"。

第二，抓住基建班组核心技术，以质量保障促进创新，执行多维输入、互动输出，构建"双向管理"体系。从最新国家、行业标准，企业自身规范，厂家产品特征等多维度入手，实时学习和掌握最新信息和要求，调整优化生产现场作业工法、编制标准化作业流程体系、修订完善验收作业指导书，掌握核心技术。将试验报告的合规性与完整性作为项目验收质量的重要依据，以最新规程为指导不断打磨标准报告细节，以作业标准化、制度化倒"逼"过程管控，确保工程全过程优质可靠。近年来，班组获得国家实用新型专利授权 16 项，获得国家发明专利授权 5 项，获得中电建协等 QC 成果奖项 12 项。"变电站监控系统智能对点""继电保护全过程调试方法及其配套测试仪器的研制和应用"等技术项目，经鉴定达到"国内领先"水准，班组综合技术实力不断提高。

第三，抓住现场班组"人"的关键核心，以队伍建设实现突破，实行深耕现场、产学结合，搭建"一体多元"平台。习近平总书记在党的二十大报告中强调：深入实施人才强国战略，坚持尊重劳动、尊重知识、尊重人才、尊重创造。该班组坚持"在使用中培养"的理念，建立内部学习交流平台和活动载体，依托汪卫东技能工作室，延续"师带徒"培养模式，创新传统"一师一徒"，采用"技术骨干引领、做大中坚力量基本盘"的策略，推行"每周讲师"，提炼技术要点，编制技术手册，充分发挥"传、帮、带"作用，挖掘班员潜力，做到教学相长。班组帮助青年员工设定职业生涯规划和目标，制订详细的监督培训计划，助力人才培养和梯队建设，先后培养浙江省首席技师 1 人、国网公司生产技能专家 2 人、浙电工匠 1 人、省公司技术能手 5 人，一级建造师 12 人。与此同时，针对人员力量不足及工期压缩等问题，班组实施"继电保护离线状态自动检测及综合分析系统"项目，研发保护装置自动校验软硬件系统，相同工作任务下人员配置和工作时间缩短50%，有效保证了试验数据的准确性，实现班组提质增效的目标。

该班组"321"工作法已在浙江送变电公司基建班组推广运用，充分激发了班组活力和内生动力，助力舟山联网、江滨变、甬港变等工程取得国家优质工程金奖、中国电力优质工程奖等殊荣。

五、物资班组

（一）区域库存平衡利库的探索与实践

本案例来自国网温州供电公司仓储配送班。

该班组面临的主要问题是政策变动或工程设计变更造成物资需求产生较大变化，导致仓库物资出现闲置，占用了较多的流动资金。

该班组借助物资市县一体化管理的契机，利用智慧供应链平台，开展市县一体化平衡利库实践，减少库存闲置物资总量。其主要做法如下。

第一，优化调配流程。按照省公司物资调配工作流程，统一市县一体化平衡利库业务操作标准，以效率优先为原则，建立库存物资日常调配机制，加快物资调配财务结算。

第二，建立动态库存资源池。掌握本单位库存资源及物资配送计划，根据库存资源表与物资需求清单匹配产生调配意向清单。各单位在每次资源与需求匹配之前对库存资源表进行动态更新，保证数据准确、有效，确保调配意向的顺利实施。

第三，县市一体化平衡利库。首先，实施县域（一级）平衡利库。各单位根据需求部门提供的物资需求清单，综合分析库存资源表信息，在单位内部进行库存资源盘活利用，重点关注闲置库存物资、非标物资的利库工作。通过单位内部利库，将长期呆滞物资及由于工程计划调整需求时间延期的库存物资纳入可利库范围，根据本次需求计划优先匹配。本单位库存资源不足的上报需求计划；资源富余则整理可调配物资清单上报市公司供应链运营中心，为跨单位物资调配打下基础。其次，实施市域（二级）平衡利库。供应链调配专职对各单位上报的可调配物资清单进行整理、汇总，形成温州地区库存资源表。接到各单位的需求后，与库存资源表进行核对匹配，形成资源、需求比对表。达成物资调配意向的，及时反馈需求上报单位、资源归属单位，由双方协商确定物资交接及财务结算等后续操作。

第四，构建常态化保障机制。供应链运营中心按月对各单位的物资调配情况进行通报，计入绩效考核体系，并结合盘活利库相关内容，对库存下降率、库存周转率等指标进行排名、打分，排名靠前的进行加分或表扬。对未经单位内部平衡利库直接上报需求的单位及库存周转率、库存下降率指标未达到要求的单位，在绩效考核中予以扣分或批评。

该班组通过供应链运营中心平衡利库和定向设计及跨区域调配等方式，协同需求部门进行二次利用，实现降本增效。2021

年度累计处理闲置物资 122 条目，总计金额 891.16 万元；库存周转率由年初 4 次 / 年提高至 6 次 / 年。图 4-14 为温州仓储配送班开展智能仓储作业。

图 4-14　温州仓储配送班开展智能仓储作业

（二）数智电子词典助力电网废旧物资精益管理

本案例来自国网舟山供电公司物资管理部（物资供应中心）仓储配送班。

该班组面临的主要问题如下：废旧物资处置环节存在"卡脖子"问题，主要表现为普通物资与废旧物资物料编码、计量单位等信息转换错误，导致高价物资按低价物资拍卖或低价物资按高价拍卖，一方面造成了企业资产流失，另一方面造成流标或回收纠纷，致使报废物资积压，报废处置质效低下。

该班组通过开发和应用"废易宝"电子字典，从根本上打通普通物资和报废物资的分类对应关系与计量单位的转换通道，提高班组废旧物资处置质效，防范国有资产流失。其主要做法如下。

第一，群策群力，明确卓越提升方向。本班组全员参与，通过多次现场调研和专项访谈，明确问题症结，采用头脑风暴法、文献查阅法、专家咨询法等方式，制定提升方案。以报废申报、实物交接的流程优化为切入点，以精益化管理为核心抓手，以搭建普通资产和废旧资产的分类对应与计量单位转换的"双码融合"体系为手段，以打造"废易宝"电子字典为数智技术支撑，以职责分工、考核机制、沟通机制和运营规范优化为管理保障，实现电网废旧物资精益化管理。

第二，贯通信息，构建双码融合模型。通过揭榜挂帅，在全省范围内牵头解决双码融合难点。基于10万余条近三年浙江省电力物资出入库的原始数据，依托数据挖掘手段，贯通普通物资和废旧物资底层数据信息，通过拆解关键字段、建立五大匹配逻辑、构建双码融合模型，在普通物资和废旧物资的物料编码和计量单位上，创新建立转换标准，实现精准分类和转换，并通过全省各仓储管理专家验收认可。

第三，打造平台，研发应用"废易宝"。依托数据集成技术，创新研发废旧物资智能辅助工具"废易宝"电子字典，构建五大功能，辅助班组人员高效开展废旧物资处置作业。一是精确搜索，通过搜索完整的物料编码或物料描述，查询显示对应的废旧物资物料编码、物料描述和计量单位信息。二是模糊检索，通过搜索模糊的物料编码或物料描述，查询显示所有符合此类描述的物料信息，从中进一步选择符合业务实际的物料信息。三是回收登记，通过填入"应拆数量""实拆数量"，系统自动换算该普通物资所对应的废旧物资计量单位和数量。四是数据档案，通过一键导入表格，完成编码体系的快速更新，实现"零延迟"共享。五是移动办公，打破使用场地的限制，更符合报废处置经办人员的使用需求，高效开展废旧物资处置作业。

第四，革新流程，推进处置过程高效合规。积极优化整体业务流程，简化部分业务环节，在报废申报和仓库交接验收环节引入"废易宝"电子字典查询比对要求，从而规避废旧物资报废处置申报、实物交接、在库保管等环节易出现的风险问题。

该班组全员都已熟练掌握"废易宝"使用方法，普通物资转换成废旧物资匹配率、报废申报审核通过率均达到100%，实现"流程全优化、人员全应用、作业全自动"。完成2021—2022年舟山市公司10个批次的普通物资报废处置工作，回收流标率0，总成交金额3762.41万元。保障废旧物资与中标合同文件资料的一致性，提升回收商对企业的信任度，截至2022年12月，班组与回收商之间的纠纷事件全面实现"零发生"。

六、信通班组

（一）安全运营室班组能力成熟度模型建设

本案例来自国网浙江信通公司安全运营室。

该班组面临的主要问题如下：①在班组建设过程中，缺乏分析班组目标和业务规划、找准班组能力建设着力点的普适方法，在厘清班组能力建设条目上存在困难；②班组缺乏全面、客观、有效、普适的能力评估标准，在洞见各项班组能力达成情况上存在困难；③在如何规划班组能力提升措施、建立班组能力提升成效跟踪机制，确保班组能力提升见成效上存在困难。

该班组以运行维护服务能力模型（ITSS）、流程和企业成熟度模型（PEMM）及岗位胜任力模型为参考，从电网企业基层班组实际出发，建立班组能力成熟度模型，指导基层班组进行业务目标分解、能力标准评估和提升路径指引。其主要做法如下。

第一，全面梳理班组能力列表。对照班组目标和业务规划，从管理能力、技术能力和业务能力三个方面梳理对班组能力的要求。针对三种能力进一步细化标准，定性描述某项能力应达成的工作标准，以能力标准为最小颗粒度形成班组能力列表。安全运营室共梳理了3类40项能力清单，细化能力标准128项，为能力评估奠定基础。

第二，提出班组能力定量评估方法论。借鉴国际先进的成熟度模型，总结提炼"人员、资源、技术、过程"四个评估要素，从信息专业角度出发思考不同要素中的评估要点，结合班组工作计划、工作机制、规章制度等具象的工作项目剖析每个评估要点形成评估工具集。安全运营室着眼于信通专业的普适需求，对应4类评估要素梳理出17项评估要点，形成评估工具集47条。

第三，建立班组能力提升路径。依据班组能力成熟度模型对班组开展能力成熟度评估，通过雷达图的形式直观展现班组能力情况。完成评估后，根据班组实际能力和班组能力目标之间的差距制订切实可行的提升计划和跟进机制，确保班组能力提升措施刚性执行；应对新的业务需求和业务变化，以 PDCA 持续改进的原则调整能力标准和评估工具集，不断提升能力成熟度模型与班组实际的契合度。图 4-15 为能力成熟度建设思路导图。

该班组形成了一套普适客观、全面有效、执行性强的班组能力评估方法论，该评估方法在 5 个班组试行中表现良好，目前已经在国网浙江信通公司共计 25 个班组中全面推广。结合年度网络安全值班人员认证考试工作，在考试筹划阶段应用班组能力成熟度模型，对照班组能力标准规划笔试、实操及面试考题，对所有参与认证考试的值班人员进行能力评估，量化班组成员岗位胜任度，形成《网络安全值班人员岗位胜任度分析报告》，促进相关人员有针对性地开展提升工作，取得了较好效果。

(二)"任务赋分 + 工单分派"以精准绩效激励促班组活力提升

本案例来自衢州光明电力集团有限公司赋腾科技分公司工程部。

该班组面临的主要问题如下：①班组工作绩效面临瓶颈。班组工作方式更多以任务型为主，满足于完成日常工作，绩效激励未能体现在员工行动上，在一定程度上影响了该班组的朝气发展和进一步承担更多业务工作的驱动力。②业务繁杂面临的安全生产压力较大。该工程部班组承接的项目任务多，工作类型复杂，大多具备一定的危险性，比如变电所、输电线路、配电设备等高压强电的配套信息通信自动化工作等。由于业绩的快速增长，人员数量与素质出现一定程度的脱节。一部分经验尚不丰富的员工不得不提早负责具有一定危险性的工作。这些都对现场施工安全管理带来了较大压力。

第四章　卓越班组建设体系架构

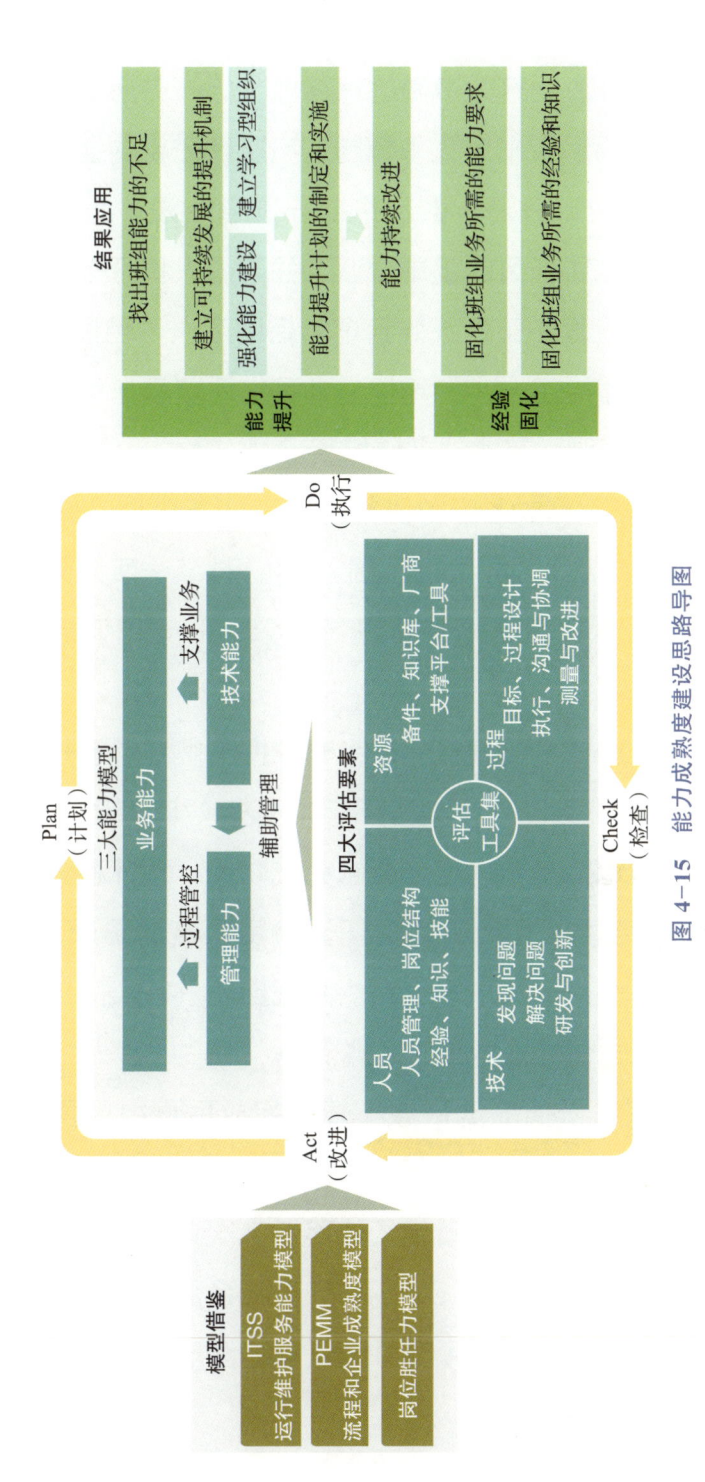

图 4-15　能力成熟度建设思路导图

— 129 —

为全面提升班组绩效激励的精准性，促进产业单位班组员工在业务拓展方面适应市场竞争机制，不断开拓新的业务领域。通过任务赋分＋工单分派，数字化提升班组绩效。通过移动App实现班组全部工作任务的工单分派，并与个人积分相结合，实现班组任务分派管理和工作绩效管理，借助工作"晒拼"＋集体评价，对优秀工作给予一定的精神奖励和物质奖励，引导形成积极向上的工作价值观。其主要做法如下。

第一，制定标准化工作任务。定义任务分值，将班组内部工作标准表单化，分为4大类36小项。对每一项任务根据难易度、重要度、紧急度三个维度进行赋分，形成班组标准任务分值库。

第二，工单式分派任务。班组长根据班组任务承接情况，向班组人员分配任务，并根据班组标准任务分值库预分配任务积分。分派任务包括基本内容、要求完成时间、预计积分值等，通过移动App直达任务负责人。任务负责人定时更新进度信息，上传关键节点图片、文字等资料。系统自动进行实际进度与计划进度对比，及时督促任务按时完成。

第三，积累分值联动绩效。任务完成后班组负责人进行验收，任务负责人获得分值。月度将班组所有人员积分值进行排名，采用积分排序法实施班组绩效奖金二次分配。月度绩效工资按照积分排名，每级相差0.05进行奖励系数排序（确保前后差距50%），具体如表4-5所示。

表 4-5 积分排序强制分布表

积分排名	1	2	3	4	5	6	7	8	9	10	11
奖金系数	1.25	1.20	1.15	1.10	1.05	1.00	0.95	0.90	0.85	0.80	0.75

第四，月度亮点难点重点工作"晒拼"。每月班组成员将个人月度重点难点亮点的 1～2 项工作制作 PPT 在班组会议上进行"晒"，重点展示工作的困难度、重要性或者亮点特色，包括为完成任务克服困难解决问题的方式方法，采取新技术、新工艺、新流程创造性地完成工作任务的过程和取得的经济成效和其他成效。班组成员在"晒拼"上就各自的工作进行评价分析，学习借鉴好的做法和经验，共同比"拼"、共同提高，营造创先争优的工作氛围。

第五，评选嘉奖班组月度之星。"晒拼"会后班组成员和班组负责人对各项展示工作分别从难易度、新颖性、开创性及降本增效等方面按照评价量化标准进行评价打分。其中班组成员评价平均分占 50%，班组负责人打分占 50%。总分排名第一的为班组月度之星，在班组职工小家、公告展板等公开展示个人形象及当月工作成效。总分排名前列的员工由班组负责人上报至参评月度经理，并对其进行特别嘉奖。

实施"任务赋分 + 工单分派"机制后，一是实现任务管理与绩效管理双结合。通过分解各项工作任务，根据标准工作定额量化形成可计量的工作量，转化成积分予以分派，具备了定量对比基础，实现了工作量与绩效的挂钩。二是实现工作氛围与技术水平双提升。通过积分绩效+"晒拼"机制，激发班组成员内生动力，形成人人要积分、晒亮点的工作氛围。通过"晒拼"互学、攻坚克难，班组技术水平也得到锻炼和提升。近三年培养管理骨干 3 名，考取建造师 4 名，增强了班组人才实力。三是实现信息技术和科学技术全覆盖。班组项目文档资料、技术资料、物资工器具领料、施工车辆分派、劳务用工申请及加班请假考勤等实现信息化管理与审批。

> 国网浙江电力全面推进卓越班组建设，形成了一批可复制可推广的典型案例。

第四节 卓越班组建设的实践"复盘"

卓越班组建设起到很好的引领作用，卓越班组理念在实践中落地生根，进而涌现出一批高质量的典型案例，其成果可圈可点，尤其是五星级班组，在卓越班组建设过程中找到了新的努力方向，再次迸发出新的前进动力。

为进一步发挥卓越班组的示范引领作用，由点及面带动更多班组参与到卓越班组创建中来，推动卓越班组建设取得更大成效，国网浙江电力对创建过程进行了"复盘"，发现有三个问题需要重视，并在下一年班组建设中着力解决。

第四章 卓越班组建设体系架构

首先，在思想认识上，国网浙江电力通过卓越班组创建为基层班组指明前进方向，但在执行过程中，部分班组将其视为荣誉称号，对卓越班组建设的方法体系一知半解，没有认真做好策划分析、实施跟踪等工作。

其次，在内容策划上，班组建设覆盖面广。如果大部分班组的建设内容能够体现"小而精"的特色，形成可复制、可推广的成果，从整个系统看，必然会"涓涓细流、汇成江海"，形成推动班组共同提升的磅礴力量。

最后，在总体推进上，尚未实现全部班组共同前进。2021年，被国网浙江电力授予"卓越班组"称号的班组，在省公司系统班组中占比不高。由此导致的问题就是，大部分班组认为自己距离"卓越班组"太过遥远，容易出现"躺平"现象。要持续完善考核激励体系，给予班组客观公正的正向激励措施，以全面激发班组的内在动力。

> 坚持PDCA循环，班组通过"复盘"和前瞻性分析及时发现改进方向、提升空间及管理优势，并融入下一年度班组建设工作计划，可以促进班组管理水平稳步提升。

第五章
卓越班组建设全面推进

第一节　卓越班组"三级联创"构想的酝酿与定型

2021年班组实践探索表明，班组建设要取得更大成效，形成一批高质量的、可复制、可推广的成果，仅仅依靠管理职能部门和少数"尖子生"班组是较难实现的。人们常说："火车跑得快，全靠车头带"，但仅仅依靠车头带的传统火车是无论如何也不能与动车高铁相比的。动车高铁具有的速度优势，在于每节车厢都自带动力装置，前后一体、同步前进。鉴于此，国网浙江电力酝酿省市县三级协同发力，共同推进基层班组建设。2022年，以卓越班组建设为平台，形成全体系推进卓越班组"三级联创"工作机制。2023年，围绕省市县三级职责不断创建思路和路径，制定2023年卓越班组"三级联创"工作流程及考评标准（试行）。

一、职责分工

省公司的职责。确立公司"十四五"卓越班组提升总体目标，协同专业部门推进班组建设水平的提升，负责对卓越班组创建指导、督导及典型案例推广的总体安排，做好省公司卓越班组检查验收与命名，促进各级卓越班组之间的交流互学。

市公司的职责。确定本单位卓越班组创建目标，统筹协调、合理安排本单位班组的建设资源，结合实际做好本单位及所辖单位的卓越班组培育和创建，推荐省公司卓越班组，确保基层班组入脑入心，熟练应用卓越班组管理理念和班组管理提升方法，开展市公司卓越班组检查验收与命名。

县公司的职责。确定本单位卓越班组创建目标，统筹协调、合理安排本单位班组建设资源，结合实际做好县本级卓越班组培育和创建，推荐"市公司卓越班组"，确保一线班组自觉应用卓越班组的管理理念和班组管理提升方法，开展县公司卓越班组检查验收与命名。

二、创建思路

坚持省市县"三级抓、三级创、三级评"PDCA 循环发展，"自上而下抓与管，自下而上创与评"，构建"全体系推进、阶梯式递进、穿透力管理"的班组建设新格局。其指导思想是通过建立健全班组建设"抓、创、评"三级管理体系，统筹兼顾班组建设"创新引领和基础管理""班组个体和班组整体""激励先进和鼓励后进"三对关系，实现科学布局、总体推动，共抓卓越促提升。

省市县"三级抓"，即省市县"三级联动"抓班组建设，省公司总抓顶层设计、市公司主抓督导提升、县公司力抓高效执行。

省市县"三级创"，即省市县"三级联动"创卓越班组，分层分级创建"省市县公司卓越班组"。

省市县"三级评"，即省市县"三级联动"评工作成效，分层分级做好自评、互评与总评，如图 5-1 所示。

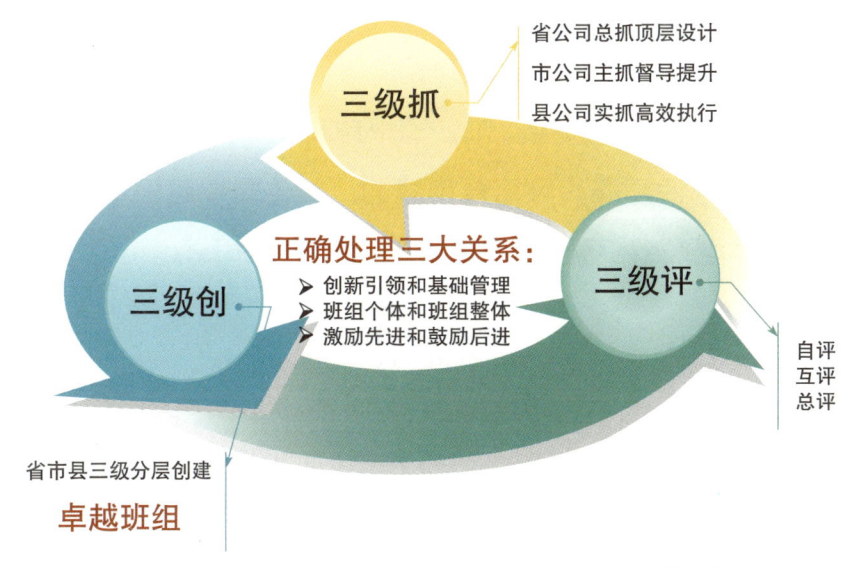

图 5-1 国网浙江电力班组建设"抓、创、评"三级管理体系

三、创建路径

应用卓越班组创建标准，采取省市县分级管理模式，分为省公司卓越班组创建、市公司卓越班组创建和县公司卓越班组创建，直属单位可参照市公司执行。卓越班组创建坚持"成熟一个、申报一个、验收一个"的工作原则，各单位做好卓越班组创建工作目标、方法、理念的宣贯，以及培育计划，市县公司卓越班组按照总体要求，实现自发创建、自主管理、自我提升。

县公司班组培育成熟后，按照卓越班组创建工作流程及考评标准，可创建"县公司卓越班组"。所属星级班组可优先创建"县公司卓越班组"。成效突出的"县公司卓越班组"可择优向上推荐为"市公司卓越班组"。

市公司班组培育成熟后,按照卓越班组创建工作流程及考评标准,可创建"市公司卓越班组"。所属星级班组可优先创建"市公司卓越班组"。其中"市公司卓越班组"按照卓越班组创建工作流程及考评标准,可培育创建为"省公司卓越班组"。现有的"精品典型班组"可优先培育创建为"省公司卓越班组"。

第二节 卓越班组建设全面推进典型案例

在 2022 年推进卓越班组"三级联创"的过程中,更加注重方法体系的运用,尤其着力从"核心业务、激励机制、数智运用、队伍建设"四个关键,全面强化全体系班组建设内容的策划与实施,在思想认识上趋于上下一致,在内容策划上实现场景充实、可复制推广,并推动全体班组共同前进,形成了一批更加贴近实际需要的高质量案例,部分案例介绍如下。

一、国网杭州供电公司

国网杭州供电公司立足"先行示范窗口"定位,先后出台《关于全面加强核心班组建设 促进班组转型发展的指导意见》及《数智型卓越班组建设专项方案》,以核心业务自主实施,班组创新创效活力"两个提升"为目标,围绕核心能力再提升、管理模式再优化、数智运用再扩展、队伍素质再登高四个方面,着力打造一批数智型卓越班组，培育一批卓越班组长，全面推进班组建设整体水平的提升。

（一）加强专业融合，市县一体共同提升

一是专业融入聚合力。第一时间落实国网公司主要领导批示要求，统筹卓越班组、核心班组、数智型"六好"供电所、尖刀班"四种类型"建设，以实践、实用为根本，明确"四个关键"年度具体目标，形成12项工作举措和66项重点工作任务清单。

二是基层拓面全覆盖。在全省率先细化出台地市级《卓越班组创建和卓越班组长培养实施方案》，组建省市县三级卓越班组重点培育库，强化过程管控，定期评估班组阶段性提升成效。

三是创评体系再完善。配合省公司量化形成卓越班组"四个关键"创建成效考评标准，制定聚焦"过程考量""创建成效""案例质量""加分项"等多维度立体式评价标准。

（二）聚焦核心业务，持续优化绩效激励

一是强化清单管理，厘清能力现状。对卓越班组重点培育对象，对照国网公司班组关键业务清单，完成班组关键业务清单、业务能力清单、回归业务清单及培训需求清单的梳理。

二是推进"尖刀+育苗"，促进能力提升。授牌10个"尖刀班"，高质量实施覆盖全专业、全身份的"育苗计划"培养方案，有序拓宽班组核心业务自主实施类型。

三是创新激励模式，激发干事活力。推进"业绩能力贡献"激励机制的应用，指导各单位完成10项典型激励举措，深化供电所"一定二挂"薪酬包干体系建设。

（三）加强队伍建设，赋能班组提质增效

一是开展班组交流提升。组织 10 家卓越班组与重点培育班组"1+1"结对共建，首创"经验教学＋夜学研讨＋班组实训"蹲点沉浸式学习活动，促进优秀经验共享。

二是加快班组数智转型。开展数字化牵引基层赋能行动，优化班组智能装备配置，按照"机器代人""数字减人"目标促进作业模式转型。

三是增强班组创新能力。建立"质量人 e 站"创新培育模式，并联合双创中心、创新工作室等载体培养质量管理骨干队伍，开展班组 QC、群创项目"揭榜挂帅"和集中攻关。

自开展卓越班组工作以来，总结提炼典型案例 106 篇，组建 38 个培育班组，实现基层单位全覆盖，编制 250 余个班组工作清单，完成 42 名优秀班组长蹲点互学培养。梳理全业务 72 个技能类岗位 491 项核心技能，完成全层级、多专业技能等级评价 792 人。建立 286 份青年员工数字化成长档案，完成 72 名新员工尖刀跟训结业考评。全业务核心班组建设达标率提升至 70.7%，运检班组、供电所自主业务分别提升 26%、25%。完成"i 国网"25 项关键功能试点应用，推进数字化工作票、线路巡视等业务进入"i 国网"应用，实现变电人工例行巡视量下降 50%。组建 3 家"质量人 e 站"，国家级质量管理诊断师数量增至 4 人，20 余人通过中质协初级评审，一项成果国际质量管理小组比赛最高奖，两个小组获得全国优秀质量小组称号。

二、国网嘉兴供电公司

国网嘉兴供电公司以"十四五"班组管理提升工作要求和深化卓越班组建设工作方案为指引，围绕核心业务、激励机制、数智运用、队伍建设"四个关键"协同发力，实施基础管理和创新管理相互赋能，形成"做精一流班组、做优卓越班组、做强标杆班组"模式，推动班组建设跨越式发展。

（一）做强核心业务"点"，提升核心能力

一是培育核心班组。揭榜挂帅两项"书记项目"课题，梳理六大专业 1191 条核心业务。开展多业务培训和技术比武。

二是实施青苗计划。实施青苗"以学促知""以知促行""知行合一"计划，实现人岗最优匹配。

三是打造标杆示范。43 个班组开展省市县"三级联创"，形成典型案例 35 篇。

（二）盘活激励机制"线"，激发人员潜能

一是首创"全口径用工配置率"。业务单位实现薪酬包干，效薪联动专项奖励提高到年度工资总额增量的 50%。

二是优化薪酬要素分配。实施绩效系数阶梯式管理，构建供电所多维价值贡献评价体系，创新供电服务公司工资体系。

三是畅通员工晋升通道。优化供电所和产业单位人才通道，形成选拔、培养、考核、激励"四维联动机制"。

（三）拓宽数智运用"面"，促进转型升级

一是推动数字化转型。试点建设国网数字化综合示范供电

所。探索有源配电网调度计划数智融合应用，打造基建"数智设计中心"。

二是推动班组装备智能化。供电所无人机应用实现全域覆盖，智慧天眼平台提升物资仓管能力。

三是推动班组数智变革。上线新一代配电自动化平台，配电自动化覆盖率达 86.5%。应用全过程智慧基建系统。

（四）强化队伍建设"体"，推动持续发展

一是提升党建"战斗力"。纵深推进班组"党建＋"工程，以清单式管理防控廉洁风险。

二是提升文化"凝聚力"。打造"秀西特战队"、沈荡"精酿"等"一班组一文化"的特色文化。树立员工自信，培育安全文化。

三是提升成长"创新力"。依托创新工作室、"人才孵化工厂"开展 QC 发布会、班组论坛等活动。

自开展卓越班组工作以来，班组管理典型经验在《国家电网报》《浙江电力工作动态》等媒体上刊登。主网青苗"先育后分"模式获上级领导批示肯定。一个班组获国网公司"工人先锋号"。全口径供电可靠性达 99.9925%，配电自动化有效覆盖率提升 15%，停电时户数同比下降 52.7%，压降率居全省第二。全员劳动生产率达到 184.4 万元/人·年，同比提升 15%。建成 358 名人才储备库，技术技能类占比 77%。2022 年新聘的四级、五级专家 30% 来自班组。2022 年 QC 成果获省部级及以上奖项 16 项，3 个 QC 小组获评"全国优秀质量管理小组"，

3个班组创评"全国质量信得过班组"。周刚同志获评"中国质量工匠",为浙江公司获此殊荣第一人。

三、国网绍兴供电公司

国网绍兴供电公司全体系推进卓越班组"三级联创"工作,坚持"以抓促管、以创提质、以评验效",围绕核心业务、激励机制、数智运用、队伍建设"四个关键"协同发力,不断提升班组自主管理水平,推动班组管理机制和业务流程升级迭代。已培育创建"省公司卓越班组"1个、"市公司卓越班组"5个、"县公司卓越班组"8个,尚在培育中的班组25个。

(一)聚焦核心能力,加速业务自主实施

一是培育全业务核心班组。在新型供电服务体系、变电运检一体建设基础上,构建以"变电两中心、输电运检中心、营配融合供电服务班"为载体的核心班组体系。

二是提升核心业务能力。制定实施全员核心业务能力轮训计划,针对输电杆塔组立等34类难度较高的自主实施典型业务,定期举办专项培训,提升员工的理论水平和实践能力。

(二)聚焦激励机制,激发员工内生动力

一是供电所推进激励机制。在供电所建立"定员定资"薪酬核算体系,打包下达全所奖金,根据技能等级、工作量等进行二次分配。

二是运检班组推进激励机制。在变电运检班组设立"运检监一体化"专项奖励,根据员工自主作业量、操作难度、融合程度等进行差异化分配。

三是产业单位推进激励机制。在产业单位实行"浮动年薪+专项激励"机制，针对配网设计业务班组，按照用工性质、岗位等级，设置员工年度产值目标，针对超额部分给予专项激励。

（三）聚焦数智运用，深化管理模式变革

一是推动业务流程自动化。针对"规则固定、重复性高"的班组业务场景，开发故障工单抢修时长智能分析等60余项RPA成果，提升基层工作质效。

二是推动技术装备智能化。创新变电倒闸操作"一键顺控"等技术，实现操作过程无人干预。

三是推动班组管理数字化。开展"实物ID+移动终端"深度融合应用，实现基础台账有序管理、技术资料在线共享、两票业务在线流转。

（四）聚焦队伍建设，全链提升履职能力

一是强化班组长履职监督。试点班组长回炉管理机制，通过座谈交流、基层调研等方式，梳理班组长履责清单，对履职不到位的人员进行调岗培训。

二是拓宽员工成长路径。立足技术最前沿和工作第一线，梯队培养专家人才队伍，丰富班组员工职业发展路径。

自开展卓越班组工作以来，运检班组核心业务参与程度达76%，覆盖82%的运检班组，自主实施项目达95%，其中全部综合检修实行自主实施、所有技改项目具备自主实施能力，核心业务稳步回归。供电所班组员工绩效工资差异倍比达1.4～1.6

倍，月度收入差距最高达 1700 元左右。变电运检专业班组员工月度收入，根据运维操作、检修积分和技能等级，差距最大达 2300 余元。充分体现"干多干少不一样、干好干坏不一样"，有效激发班组活力。在 8 座 110 千伏、1 座 220 千伏变电站试点应用变电倒闸操作"一键顺控"技术，作业时长较原先缩短 70%以上。综合运用无人机、智能巡检机器人等装备，巡视效率较人工巡视提升 4 倍。实现班组业务模式转型升级。2022 年，从一线班组中共选拔 38 名四至七级"生产技能类"专家人才，推动"职务、职员、专家"三条通道并行互通，拓展班组人员职业发展通道。

四、国网衢州供电公司

国网衢州供电公司将卓越班组创建标准与六大专业工作实际相结合，形成具备专业特色的卓越＋专业"163"建设模式，发布专项工作方案，全体系推进卓越班组"三级联创"工作，同步加大新技术、新机制等要素的投入，积极探索实践班组管理新模式、新方法，强化优秀班组的自我提升和示范引领作用，引导班组在互相看、互相比、互相学中稳步提升整体水平。通过划定重点领域，着眼当前存在的不足和问题，抢抓机遇、干在当下，结合班组实际开展长远谋划和接续奋斗，持续强化班组基层、基础、基本功，筑牢安全稳定防线。

（一）卓越＋专业，全体系推进卓越班组创建

一是完善"卓越＋专业"工作网络。将卓越班组创建列入

"一把手"工程，明确各级党组织书记为第一责任人。实施书记项目认领、建立季度例会机制，各级党组织书记及时反馈工作信息，探索具备专业特色的培养模式。

二是搭建"卓越＋专业"亮剑比拼平台。以卓越班组创建标准为依据，结合调控、信通、运检、营销、物资、基建六大专业业务实际，以场景化应用为导向，从实用性、创新性、领先性等维度设置内部通关标准，搭建亮剑比拼平台，促进各班组在互看互比中稳步提升管理水平。

（二）创新"163"，开展特战型卓越班组创建

一是构建一种战训结合的练兵模式。在技能进阶上，通过实战—实操—实战，实现员工技能从基础运维到塔上作业，再到带电作业、施工作业的进阶提升。在综合发展上，实施派驻基建施工项目部跟班学习，邀请设计专家开展线路设计培训。在团队协作上，把技能的传承、发展、突破、领先作为一种文化追求。

二是注重六项核心技能的培养。基于线路运维、自主检修、带电作业、组塔架线、数字应用、应急处置六项核心能力，个性化定制员工成长档案，在激发活力上，组建柔性团队开展创新攻关，全力推进"无人机＋电动升降装置""导地线越障飞车"多场景应用，打造"六边形"战士。

三是优化三种配置保障。打造"常规＋尖端"装备齐全的"兵器库"，扎实推进"立体巡检＋集中监控"，构建班组"能打能防"的装备体系。在改善分配上，建立"内部劳动市场"激励机制，搭建工时积分池。包含10项一级指标与47项二级指标，

按照工时进行积分量化，以工分评优秀、换绩效、兑薪酬。

（三）健全保障体系，确保全过程推广实效

一是滚动管控卓越班组培育储备库。经各单位申报，建立年度重点培育班组储备库，以半年为期，结合业务实际开展自主推广和过程指导。

二是实施卓越班组培育创建训练营。组建专业团队，以全过程管控创建实效为目标，设置7个月卓越班组训练营，对储备库设置进营、退营标准，开展动态管理。

三是开展专业化班组场景论坛。以职能部门为主导，组织开展专业化场景论坛，设置现场参观、优秀班组场景化案例介绍、相关单位建议和职能部门指导等环节，进一步探索研究本专业班组差异化培养模式，汇编基层班组优秀管理案例。

自开展卓越班组工作以来，在全市运检52个班组中推广应用"163"特战型卓越班组模式，工作模式入选能化工会第三届电力企业创新创效评选，变电110千伏下放工作有序推进，输电带电作业班获得2023年浙江省"工人先锋号"荣誉，4个班组获得省公司"工人先锋号"称号，4个班组获得衢州市"工人先锋号"称号。

五、国网金华供电公司

国网金华供电公司围绕省公司卓越班组"三级联创"建设要求，锚定"打造高效坚强的执行单元"这一核心目标，把班组建设摆在当前内部管理提升重要位置，梳理分析班组的缺项、弱项和短板，有目标、有载体、有举措深入谋划、系统推进班组建设提质登高三年行动，落实"四聚焦、四提升"工作举措，统筹协调推进卓越班组创建，服务员工成长，助推企业高质量发展。

（一）聚焦清单和场景"双应用"，提升核心业务能力

深化应用清单式管理方法和场景化落地实践路径，搭建"一组织一清单、一岗位一清单"核心班组建设"双清单"责任管理体系，围绕"四个关键"要求，针对班组管理痛点、堵点和难点，细化班组建设方向、目标和举措，明确个人任务、指标，稳步提升业务技能水平，不断加强核心业务自主实施能力。

（二）聚焦数智和减负"双驱动"，提升组织运行效能

强化班组数智核心技术应用能力，确保数智新技术"应用尽用、应推尽推"，深化企业级专业应用在基层的落地推广。全面落实班组减负增效十五条，深化数据中台应用、优化业务流程和强化业务集约管控等方面持续发力，引导员工集中精力抓安全生产和提质增效。

（三）聚焦资源和激励"双优化"，提升卓越管理水平

坚持合理配置资源，树牢"人少绩优薪酬高"导向，深化全员绩效管理，探索开展绩效履责契约双签工作，建立蓝领员工技能水平考核激励机制，实行技能资质和岗位胜任年度考核双认定，强关联技能水平和薪酬分配，充分体现"干好干差不一样""干多干少不一样"，进一步激发班组长、班员竞争意识和主观能动性。

（四）聚焦个人和队伍"双发展"，提升能量输出能力

建设科学合理的队伍梯队，全面启动"金禾学院"特色教研室和分院建设，强化新进员工"塑形培养"，加大一岗多能复合型人才的培育力度，优化人才队伍结构。加强高端专家队伍建设，完善专家人才培养、使用、激励、竞争配套机制，实施高端专家培育三年行动，编制实施全要素发力、全资源整合的"一人一策"精准方案。

自开展卓越班组工作以来，聚焦核心自有作业队伍建设，持续推进"机械换人"，大力开展实战练兵，实现基建专业全过程全专业自主施工，首创"无人机+电动提升装置"工法减员增效，降低作业人员的工作强度。建成国网首座"管、监、运、检"一体化集控站，"两个替代"工作节约日常运维资源40%以上。一键顺控操作替代平均操作时间缩短70%，大幅提升运维效率。

六、国网丽水供电公司

国网丽水供电公司把实施班组建设三年行动作为夯实基层基础基本功的"关键一招"，落实九大行动和二十四项措施，以试点样板化建设为牵引、成效波浪式推广为动能，解决班组业务承载力不足、绩效奖惩力欠缺、数智创新力不够三大问题，完成"基础逐步夯实，管理卓越登高"的目标，培育一批具有丽电特色的卓越班组、卓越班组长和卓越员工。实现生产力和生产关系高度匹配，形成生产效率最高、投入产出最大、经营业绩优秀、

工作状态优良的"两最两优"生动局面。

（一）开展业务管控精细化、装备配置标准化行动

一是完善业务流程体系。全面梳理和优化各专业业务清单，优化计划源头、过程执行、资料归档、成效评价等各流程环节，建立业务主人制，实现流程精简再造。

二是优化班组人员架构。挖掘班组人员、物资基础潜力，高度适配生产要素和生产力，实现"运检监"一体、营配融合等新业务从"形式融合"到"融合创效"。建立复合型人才资源库和区域联盟机制，提升用工效率，解决全域业务数量和人员配置不平衡问题。

三是打造智能仓储系统。贯通业务、装备、车辆、人员等信息，实现业务一键式布置和减员增效。

（二）开展数字应用全面化、科技创新基层化行动

一是提升数字管理能力。加强数字化管理意识教育，引导以数字化手段形成典型管理创新应用场景，提高作业效能。

二是强化数字工具支撑。整合各类信息平台、终端应用，发挥 RPA 国网示范优势，加快机器代人，减轻冗余、重复工作的负担。

三是加强基层科技创新。建立科技创新导师智库，构建智库"一对一"联建班组制度，指导生产一线加强基础应用技术攻关。深化"揭榜挂帅"机制应用，提高班组科技项目参与度。

（三）开展业绩绩效指标化、绩效激励实用化行动

一是完善全员绩效考核体系。根据班组性质、用工结构，构建包含工作量、安全责任、风险系数的全要素分层分类数字化绩效体系，确保业务到岗、指标到人。

二是提高考核结果物质奖励。深化"多劳多得、高能高薪"的薪酬分配导向，制定缺员奖、业务增量奖、技能提升奖等专项奖励方案，增大绩效奖金挂钩比例。

三是强化考核结果非物质奖励。匹配绩效与岗位调整、职级晋升、评优评先权重系数，落实能上能下、能进能出用人机制，激发内生动力。

（四）开展员工成长多样化、安全管理规范化、阵地建设规模化行动

一是着重业务技能提升。加快建设调控、不停电作业等五大实训基地，制定专业培训、竞赛比武"三年全覆盖"实施计划。

二是狠抓班组长培养。制定班组长履责手册，细化班组事务管理要点，努力培养一支政治素养过硬、业务技能突出、沟通协调高效、组织管理精益的卓越班组长队伍。

三是落地班组减负提效。建立领导班子成员驻班制度，在放管服、后勤管理等方面为员工办实事。

自开展卓越班组工作以来，运检班组、供电所、基建班组核心业务自主实施率分别提升至70%、68%、33%。建成4个装备共享库，打造区域联盟机制，错峰安排各单位重点工作时序，装备配置率提升13%、人员缺员率降低10%。制定各县公司供电所八级蓝领能级发展通道方案，实现全域56个供电所逐步推广。创新建立车队抢单绩效管理模式，完成用车App管理平台

的搭建，在松阳、缙云、庆元试点运行，环比增加出车数552次。建立产业单位"大绩效"考核体系，对产业单位施工、设计等五大业务班组分类量化和赋分，实现产业各种用工体制员工"以量定酬、分类激励"。上线"数字员工"，融合11项RPA流程，实现8套系统、21项指标自动抓取、自动分析，完成"用电异常筛查"等工作自主处理，形成数据看板和工作报表，每天节约人工时间2小时。摸排班组生产环境、办公环境和物质基础，编制31项提升方案，落实资金2242万元。构建"向上、向善、向实、向新"市县一体阳光班组文化。完成全市600余名班组长分层分级分片管理和技能培训。开展"阳光大讲堂"等活动共计37场次，打造"上层持续热、中层传导热、基层热起来"的"一体共热"班组建设生态。

第六章
卓越班组建设内容的拓展与丰富

第一节　全面加强基层班组创新创效

国网浙江电力高度重视基层班组创新工作。从 20 世纪 90 年代初开始，每年坚持在班组广泛深入地开展质量管理（QC）活动，基层创新创效的氛围十分浓厚，多年来 QC 成果和创新创效成效硕果累累。质量管理（QC）活动是国网浙江电力持续时间最久、参加人数最多、覆盖范围最广的质量改进、提质增效活动。

一、主要做法

（一）创新机制，推动质量管理工作提升发展

一是健全工作保障体系。健全公司质量管理组织保障体系，探索构建"省公司—地市公司（直属单位）归口部门—县（区）公司"归口部门和专业部门纵向两条线，以及各层级"归口部门—专业部门"横向协同的工作网络，逐步形成"以上率下、以下促上"立体多维格局。各单位成立由分管领导任组长的工作领导小组，牵头协调重点课题、资源调配等要素，制订程序合规、运作畅通的管理流程，进一步明确归口部门、专业部门管理职责，打造具备课题注册、过程指导、成果推广、专利申报等综合能力的人才队伍，促进质量管理工作逐步向精益化方向持续提升。

二是创新工作推动机制。坚持质量管理工作"基层自发和顶层设计"有机结合，进一步发挥管理引领、专业导向的融合促进作用，不断提升公司质量管理工作的创新优势和整体实力。在省公司层面，探索重点课题遴选与专业管理协同的推进模式，聚焦关键业务提升和管理流程优化，将业务条线存在的共性问题及各层级、各业务效率效益提升的关键性症结作为选题依据。依托公司归口部门和专业部门"双把关"，创新管理模式，组织"揭榜挂帅"和集中攻关，精准培育公司级重点 QC 课题，确保质量管理小组价值创造最大化。

三是实施人才培养机制。实施质量管理人才梯队建设，将质量管理应知应会知识列入员工入职教育课程，鼓励吸纳青年员工加入 QC 小组，培养质量意识、业务能力和严谨作风，把 QC 小组活动打造成员工提升素质、增长才干的重要平台。拓展 QC 小组故事演讲、QCC 沙龙、质量改进和创新案例、质量信得过班组等提升活动，为基层人才培养提供平台。结合公司"十四五"班组管理提升，开展"师带徒"，将 QC 小组注册和成果创建、推广应用融入班组创先争优评价内容，激发基层一线创新活力。健全公司质量管理专家库，探索人才储备和动态评价机制，吸收各层级优秀骨干入库并进行动态量化考评。

（二）加强管理，提高质量管理工作整体质效

一是加强选题管理。坚持问题导向、需求导向，优化 QC 课题选题流程。按照"情况调查、查重分析、专业指导、确定选题"步骤，杜绝低效率重复研发，提高选题立项质效。在市公司（直属单位）层面，科学评估 QC 立项课题，形成本级和申报"省公司级重点 QC 课题"的清单。锁定"安全管理、设备应用、技能提升"瓶颈和抑制效率效益的"卡脖子"问题，发布"质量管理课题攻关榜"，开展"揭榜认领"工作。在县公司（基层单位）层面，开展专业统筹的"片区化"管理，由专业部门牵头指导选题，协助归口部门开展综合评定，合力引导员工聚焦现场作业、客户服务、安全管理、业务提升等重点，锁定"险、苦、慢、质效差"等难题，切实解决"效率低、实效弱"和长期困扰业务发展的症结。

二是加强过程管控。下发《国网浙江省电力有限公司关于进一步加强质量管理（QC）工作推动基层创新创效的意见》及管理规范，加强小组活动全过程管理。各单位形成质量管理小组活动工作体系，每年发布质量管理工作要点，有序组织年度系列工作，规范开展课题注册、备案登记及评审推优等工作。各单位做好过程督导，对重点培育课题开展阶段性指导，促进 QC 课题精准实施、达到预期成效，并不断提升技术含量和实用价值，实现效率效益最大化。

三是指导工具应用。开展针对性、菜单式培训，加强 QC 组长和成员提升分析试验、统计方法应用、报告撰写、成果发布的综合能力。指导小组基于客观事实，正确、恰当地应用统计方法，深入分析解决问题，自觉用"三现二原法（现场、现物、现实，原理和原则）"保证判断的准确、有效，形成尊重现场和客观事实的良好作风。鼓励小组将"用数据说话"和"头脑风暴"等方法有机结合，遵循 PDCA 循环，全员参与、持续改进。围绕生产经营、安全管理等问题和需求，倡导小组成员熟练掌握因果图、控制图等常用统计方法和PDPC法（过程决策程序图法）等新七种工具，高效诊断根源，攻克技术和管理上存在的难题。

（三）加大激励，激发质量管理工作新动能

一是选树培育优秀小组。质量管理小组活动注重发挥团队合力，是培养人员创新管理和质量变革能力的有效载体。各单位通过选拔优秀QC小组开展经验交流、培育公司QC"标杆小组"等方式，进一步培养"科学、规范、高效"的创新单元和"攻坚克难、团结重质、效率价值"的高素质小组团队，培育立足本职工作解决实际问题、创新创效的QC小组，加快培养专业领域"领跑者"、自主创新"带头人"，在公司凝聚创新力量、培养一流人才队伍方面发挥以点带面、辐射带动的积极作用。

二是发挥绩效考核作用。根据《国家电网公司质量管理小组活动管理办法》有关要求，自2021年开始，将质量管理工作纳入地市公司（直属单位）企业负责人年度绩效考核范围，对公司系统内外的高等级获奖成果设置了科学合理的加分。对获得重大质量管理成果奖项的单位，实施年度绩效考核激励措施，鼓励各层级员工围绕重点工作和关键业务积极开展技术革新、业务提效、创新服务，助力基层提质增效。促进基层以"激励 + 约束"相结合的推进方式，对做出重要贡献的集体和个人落实正向激励措施。对入选公司质量管理优秀表彰成果的新进员工依据人资管理相关条例落实鼓励措施。在成果创建和评优上存在弄虚作假行为的单位和小组，取消成果申报和评优资格并通报批评。

三是健全长效激励机制。坚持不断提升员工运用QC工具方法创新创效、实现价值创造的获得感，健全长效工作机制。根据国家电网和公司质量管理工作有关要求，各单位经履行决策程序后，对本单位的优秀QC小组和成果制订合理规范的绩效鼓励条款和相应标准，因地制宜落实优秀QC小组（成果）成效表扬、人才评价积分、员工绩效等推进措施。在公司各层级班组评先争优工作中优先考虑QC成果创造，并将其纳入考评标准。公司在政策允许范围内，表彰攻坚克难、有效解决公司普遍性难题的QC小组（成果）及对质量强企、品牌建树有重要贡献的集体和个人。

（四）协同推进，深挖优秀成果推广价值

一是加强"质量人e站"标杆引领作用。以创新引领、提质增效为目标，采用融合发展、整合资源的方式，试点建设"质量人e站"，发挥价值创造的标杆引领作用。打造以QC活动为载体的"理念方法培训、过程难点指导、孵化成果储备"的主阵地，建设技术改进、创新研制的小组活动基地，集聚QC小组带头人、专业技术人才、质量管理骨干等力量，深挖优秀成果推广价值，传播持续改进、精益求精的质量文化。

二是促进优秀成果的推广应用。各单位以评审发布会为平台，做好优秀QC成果推广应用方面的经验分享，加强调查分析，促进基层QC小组成果价值发掘。以满足内外部顾客需求和提高综合效益为导向，联合各级专业部门对优秀成果进行评估识别，在专业层面开展优秀成果推介，探索"订单式""招标式"研发，提高成果推广效率。以专利知识和成果市场化为要素，有针对性传授 QC 小组成果知识产权保护和价值转化等相关知识，打造优秀成果创造和价值应用的经验共享空间。鼓励 QC 小组借助双创中心、国网商城、政企合作等优质平台开展成果孵化。

三是建立长效推广机制。健全优秀 QC 成果推广应用机制，联合专业职能部门共同实施"从前期选题到成果价值评价"的过程管理。对各单位获奖成果从推广应用情况进行定期通报，对扎实开展优秀成果应用且获得较好成效的单位，给予次年成果申报数量上的倾斜。各单位建立可推广、可复制的优秀 QC 小组成果库，搭建成果共享平台，创造"成果培育创建、优秀成果推介、成果价值创造"的良好环境。因地制宜建立科学合理的工作机制，营造各层级创新创效和人才培养的浓厚氛围，凝聚公司加快建设国家电网新型电力系统省级示范区的强大力量。

二、实施成效

质量管理活动服务公司战略落地，为各层级员工解决问题、提高效率、减少浪费搭建了平台，是创新创效的基础和源泉，发挥了"集聚、培育、示范、辐射"的作用。质量管理小组"集众智、汇众力"，是激发员工立足本职创新创效内生动力的有效载体，有效提升了员工素质能力和团队凝聚力，培养了大批"知识型、技能型、创新型"员工，促进公司从要素驱动向创新驱动转变。

多年来，国网浙江电力的 QC 小组围绕中心工作，坚持创新创效，在安全生产、电网建设、供电服务等领域开展质量管理活动，平均每年注册 1300 余项小组课题，参与员工近 1.5 万人，班组创新活力得到进一步激发，涌现出一大批优秀 QC 小组和"实际、实用、实效"的精品 QC 成果，有效解决生产经营管理中的堵点、漏点、薄弱点问题。2021 年，国网浙江电力累计获得省级及以上 QC 小组活动成果奖项 155 项，其中国际 QC 发布赛金奖 5 项，全国优秀 QC 小组 9 个，国家电网公司奖项 3 项，获得历史最好成绩。"十四五"以来，累计 12 个 QC 成果获第四十六届、第四十七届国际 ICQCC 发表赛金奖，不仅创造了国家电网公司第一和历史最好成绩，对优秀成果的推广应用也迈出了国内国际拓宽拓展和实现价值转化的重要步伐。

三、成果案例

国网浙江电力引导班组以问题为导向扎实开展各类创新活动，涌现了一批优秀创新成果。这里选择其中部分成果予以介绍。

（一）提高 10 千伏配网电缆线路 FA 动作成功率

研制背景。随着宁波向着"世界一流配电网"建设目标不断推进，对供电可靠性要求越来越高。10 千伏配网电缆线路 FA 作为支撑城市供电可靠性的主要技术手段，其动作成功率直接关系到配电网故障快速恢复效率。配网电缆线路馈线自动化（Feeder Automation），简称配网电缆线路 FA，是配电主站或子站以配电自动化终端 DTU 装置采集开关站室的开关位置状态和有功、无功电流等潮流信息，通过配电主站拓扑分析、安全校验等策略，在配电网发生故障时，自动隔离故障区域，恢复非故障区域供电的功能。对于FA，形象比喻就像电网线路出现问题时，医生用CT能通过扫描发现"病灶"，筛选出最优方案，并将其隔离开。2019年8—12月，国网鄞州供电公司10千伏配网电缆线路月均FA动作成功率仅为77.32%，低于公司"世界一流配电网"要求的90%。国网宁波供电公司"甬恒者"QC小组通过对装置历史运行数据分层分析，发现"FA遥控失败"缺陷类型占了"FA策略被闭锁"环节失败类型次数的87.72%，找出了10千伏配网电缆线路FA动作成功率有待提升的问题症结。

成果特色。研制专用光信号中继器，在衰耗较大的光链路中间站进行光功率放大来保障通信质量；重新设计电源模块，增加稳压电路，使之能耐受接地故障时380伏冲击电压。耐压型电源模块在清华苑1号开关站等进行试点应用后，电源运行可靠率明显增强，可在上级线路发生故障时，适应输入电压的变化，帮助实现DTU输入电压的稳定，提供过流信号的正确上送，大幅提升FA动作成功率。该成果荣获2022年第四十七届国际质量管理铂金奖。

成果成效。该成果解决了困扰多年的配电网FA动作成功率低问题，更快更准地"判断病处"，迅速"诊断治疗"。在采用研发专用光信号中继器，提高电源模块耐压上限对策后，10千伏配网电缆线路FA动作成功率由实施前的77.32%提高到91.41%，且每个月平均FA动作成功率都高于90%的目标值。随着宁波市"世界一流配电网"工程的推进，城市中心区域均实现了输电线路落地和开关站自动化改造，为 FA 在中心城区的全覆盖提供了基础条件，FA 的全面应用可以极大提升城市供电可靠性，满足社会、民生、经济对持续可靠供电的需求。图 6-1 为提高 10 千伏配网电缆线路 FA 动作成功率的核心部件。

图 6-1　提高 10 千伏配网电缆线路 FA 动作成功率的核心部件

（二）缩短小车式高压断路器试验时间

研制背景。在电力系统日常工作中，高压试验是电力设备运行和维护工作中的一个重要环节。通过高压试验可以分析设备的实际状态，及时发现设备存在的一些重要缺陷等。但是在传统的高压断路器试验中，存在着辅助工器具放置杂乱、取用效率低、运输过程中易损坏等问题；试验接线收集效率低，易少带或遗落在设备上，试验线的数量和质量未得到有效控制，存在着短接接地等重大安全隐患，同时影响到工作效率；传统试验接地线通过绕接方式，存在安全隐患；试验接线采用夹接的方式实现，在对设备加高电压和大电流时，由于点接触的原因，易出现烧坏触头、试验数据不稳定、误差大等问题，在重复试验中，效率十分低下。小组对各类小车式高压断路器进行试验时间调查，并将工作流程分为工作许可时间、安全交底、试验过程、工作终结时间这四个环节，确认小车式高压断路器试验时平均耗时 99 分钟。对小车式高压断路器试验工作流程耗时统计，确认小车式高压断路器试验过程时间占总时间的 79.8%，远高于其他工作流程所占比例，是重点关注对象，进一步发现累计"拆接线时间"占试验过程时间的 68.35%，因此"拆接线时间"是小车式高压断路器试验过程时间长的症结所在。

成果特色。本次课题以缩短小车式高压断路器试验时间、提高工作效率、提高供电服务质量为目的，针对反复核对短接线次数多的问题，制作一体化集线装置；针对连接线缠绕多的问题，制作专用辅助工器具箱；针对试验触头接线时间长的问题，制作高压断路器试验触头。在完成设备的设计制作后，为保证成果安全、可靠投入使用，进行了装置的第三方专业检测。小组将设备送至第三方专业检测机构检测认证，通过对各装置的各项数据进行检测，各项数据合格。该成果获 2021 年第四十六届国际质量管理 ICQCC 金奖。

成果成效。本次课题以缩短小车式高压断路器试验时间、提高工作效率、提高供电服务质量为目的，成功设计并研制出了专用辅助工器具箱、一体化集线器、高压断路器试验触头等提高工作效率、降低毛刺率、增强工作安全性的技术手段，进一步提高了变电站的供电可靠性，将 110 千伏变电站小车式高压断路器试验时间从活动前的 99 分钟缩短到 53 分钟。整套装置在多个工作现场进行运用，保证了检修试验工作中仪器设备及人员的安全性，节省了设备检修试验时间，提高了供电的可靠性，为助力疫情期间的复工复产提供电力保障，为2023年亚运会的举办保驾护航。缩短小车式高压断路器试验时间带来的间接经济效益和社会效益不可估量，且成果可复制性好、具有代表性，推广范围广，易复制、易推广至整个电力系统，确保人身、设备安全及试验数据的正确性。小组将课题成果编写为专著与论文，为系统内兄弟单位提供参考。出版中国电力出版社专著1本，发表EI等技术论文2篇。本项目完成实施后，运用于国家电网培训教材《高压断路器检测又快又准的秘密——高压断路器智能检测装置》，供整个国家电网借鉴运用。该项目成果成功运用于科技项目"高压断路器间隔试验辅助工器具"中，并获"浙江省科技厅科技成果奖"。图6-2为一体化集线装置、专用辅助工器具箱、高压断路器试验触头。

图6-2 一体化集线装置（左一）、专用辅助工器具箱（中）、高压断路器试验触头（右一）

（三）柜内电流互感器安装升降装置

研制背景。近年来，随着杭州市获得"2023年亚运会主办权"，配网改造工程大幅度增加，投运诸多大型场馆，场馆内电力互感器的应用越来越多，与之相应的，安装时间也越来越久。此前电流互感器采用纯人工方式进行安装，一人先钻入狭小的柜体内部，一人将 CT 从柜外递给柜内人员并负责托举，另一人在柜外配合完成固定螺栓安装等作业流程。在安装过程中有 CT 掉落的风险，存在人身安全隐患。为此，国网杭州市临安区供电公司联合设备制造商研制柜内电流互感器安装的升降装置。

成果特色。该装置采用机械替人的思路，滑轨人工转换相交轴传动，安装位置偏差小于 1 毫米；丝杠传动直线运动误差小于等于 2 毫米；360°全视角转向平台承载重量大于 80 千克。原来需要 3 人配合安装，现在实现独立安装。传动模块借鉴"嵌套"原理，将多种机构嵌套在一起，实现装置快速传动；转向平台借鉴等势原理，将电流互感器提升安装平面；升降支架借鉴预先作用原理，限定升降模块只在竖直方向运动，避免水平方向偏移。该成果荣获 2022 年第四十七届国际 ICQCC 发表赛铂金奖。

成果成效。采用电流互感器专用安装工具，一个配电房的开关柜内 30 台电流互感器安装时间缩短至 1.15 小时，完全满足亚运会项目组需求，极大地缩短了停电时间，节约了人财物成本，并且可以在不同型号的置柜安装、检修、运维工作中使用。电流互感器专用安装装置能消除电流互感器拆装过程中的安全隐患，满足在狭小空间中的作业需求，保障操作工人的人身安全；可在变电所、配电房等狭小维修通道内进行电流互感器检修、更换；能利用电流互感器自身重量下压使装夹抱紧电流互感器，实现自锁功能，防止电流互感器滑动侧翻，保障了元器件的安全。图 6-3 为电流互感器专用安装装置作业。

图 6-3　电流互感器专用安装装置作业

(四) 变压器特性试验快捷装置

　　研制背景。变压器特性试验是电网运维中一项常规工作。在传统变压器特性试验中，试验人员需多次借助登高车、爬梯等上下变压器进行试验接线与短接线拆接工作，消耗大量时间与精力，且有高坠风险。国网金华供电公司运检部提出如下需求：提高变压器特性试验效率，缩短变压器特性试验用时。国网金华供电公司"金雕细卓"QC 小组调研了先进标杆试验团队的变压器特性试验方式，发现全国电力行业在变压器特性试验中均采用"超市化集中采购"的变压器直流电阻测试仪、变压器有载分接开关测试仪、变压器短路阻抗测试仪 3 台仪器进行试验，试验过程均需根据 3 个不同试验内容进行 7 种形式的接线（在变压器端切换接线），人工统计试验数据并计算判断试验结果。经统计，浙江省内先进单位一整套变压器特性试验用时最高 233 分钟，最快 207 分钟，均达不到运检部的需求。为此，QC 小组决定自行研发一种适用于220千伏及以上变压器特性试验的快捷装置，能根据变压器特性试验的3项试验内容在地面试验侧快速切换7种接线形式、试验数据自动采集计算、实时输出试验结论，缩短试验用时以满足客户的需求。

成果特色。变压器特性试验快捷装置的研制借鉴了全自动血液采集装置的原理，设计7种变压器特性试验接线方式，设计预制式接线，并实现不同试验接线方式的快速切换，总切换用时≤2分钟，单次切换用时≤20秒；实现变压器特性试验数据的集中式采集，单次采集时间≤1分钟，采集准确率达到100%，在两分钟内完成结论判断并自动出具试验报告；为装置提供稳定的直流电源，其纹波系数小于±1%；装置简易、轻巧，总重量控制在10千克以内，便于应用于各试验场景。总体而言，该装置以预接线板汇集变压器三侧的试验线，通过内置的继电器及控制回路实现一键切换接线方式的功能，还可通过蓝牙模块汇总各项数据，实时判断试验结论，自动出具试验报告。经浙江省电科院和国家高压计量站进行检测，装置的安全性能检测合格，试验数据误差≤±0.5%。该项成果荣获2022年第四十七届ICQCC发表赛铂金奖。

成果成效。该装置2020年9—11月在金华地区220千伏变压器试验工作中投入使用，最终单台220千伏变压器特性试验总用时减少到115分钟，小于预期目标的140分钟。该装置进而在国网金华供电公司220千伏西陶变、220千伏江湾变等检修现场的变压器试验中投入使用，平均每台变压器试验可节省108

分钟，减少现场工作量约 30%；上下变压器的次数由 8 次减少到 2 次，大幅提高了变压器特性试验接线的正确率，安全效益显著；目前已在多家单位投入应用，应用前景广阔。

第二节　积极营造班组团队文化氛围

现代企业实践表明，团队文化对团队成功至关重要。这是因为，文化是团队的灵魂，一个团队只有有了自己的文化，才具有真正的核心竞争力，否则就是一盘散沙。一个团队，只有在优秀团队文化的指引下，才有了前行的力量，每个人才能找到自己在团队中的地位和价值。唯有如此，团队成员才能齐心协力，共同达成团队的目标，才能积累文化的能量，做出更大的业绩，不断地创造新的辉煌。

国网浙江电力充分意识到团队文化对卓越班组建设的积极作用，鼓励基层班组根据自身实际情况积极提炼富有特色的团队文化，并将团队文化深度融合到卓越班组创建过程中，取得了良好的成效。这里介绍几则具体案例。

一、聚焦核心业务型

（一）以"精工善成"引导全业务核心班组建设

国网衢州供电公司输电运检中心将"精工善成"的班组文化深度融入班组建设，紧紧围绕"班组核心业务能力提升"和"高素质技能人才队伍建设"两个目标，按照"打造一个练兵模式、修炼六项核心技能、落实三重队伍保障"的163工作思路，全力培育"作业自主、安全可控、技能过硬、创新高效"的特战型全业务核心班组。

练兵模式的本质是"战训结合，以战为主；多专多能，进阶发展"，包括三项具体措施。一是技能进阶提升，从"新兵"蜕变为"标兵"。以常态化线路运维、自主检修、带电作业和阶段性技改工程为年度工作主线，在实战中发现问题。依托模拟实训场地，针对实战问题组织实操培训，实现员工技能从基础运维到塔上作业到带电作业、施工作业的进阶提升。二是综合全能发展，从"精兵"蝶变为"尖兵"。对外派驻基建施工项目部跟班学习，邀请设计专家开展线路设计培训。对内实施轮岗学习、交叉任职，班组长同时兼任生产和管理岗位，骨干在班组和管理科室轮值，引导员工从专业骨干向复合型人才发展。三是团队纵深推进，从"单兵"裂变为"兵团"。把技能的传承、发展、突破、领先作为一种文化追求，开展"五心五力"文化传播工程，营造"安全、奋进、温暖"的阳光团队氛围，强化队伍建设，有力促进"个体优秀"向"群体优秀"转变。

六项核心技能围绕班组需要培育的核心竞争力进行展开。一是筑牢线路运维能力。全面覆盖无人机巡检作业，班组全员持有无人机作业证，其中一人获浙江省无人机巡检"金蓝领"称号，两人获衢州市无人机巡检"金牌职工"称号，两人获省总工会无人机巡检技能竞赛三等奖。二是提升自主检修能力。以导线接头处理、绝缘子更换、辅助设施安装等为技能提升重点,针对性开展自主综合检修,班组全员具备塔上作业能力。三是巩固带电作业能力。结合日常设备消缺,常态化开展各电压等级带电作业,近三年累计完成各类带电作业 48 次。四是补强组塔架线能力。以基建、技改项目为载体,选派班组技能骨干,开展基础浇筑、杆塔组立施工,先后利用内抱杆、吊机辅助组塔方式完成 3 基迁改杆塔的组立,9 名员工初步具备组塔施工能力。五是升级数字应用能力。组建数字尖兵团队,集中攻坚无人机数据处理与应用,在全省率先实现 500 千伏及以上线路自主巡检,8 名员工熟练掌握无人机点云采集、智能航线规划、可见光建模、树障分析等技术应用。六是强化应急处置能力。打造输电应急基干队伍,常态化开展体能拉练、事故抢修、高空救援演练。依托政企联动机制,联合多部门、多单位开展防山火、防外破、防汛应急演练,提升快速响应和应急处突能力。

　　三重保障旨在提升队伍战斗力。一是强化装备保障。打造"常规+尖端"装备齐全的"兵器库",发挥输电线路可视化"千里眼"作用,构建班组"能打能防"的装备体系。班组配备各类无人机 100 架,人均配置 2.5 架,拥有可视化监控等 14 类在线监测终端共计 2102 套,扎实推进"立体巡检+集中监控"。二是强化激励保障。建立内部劳动市场,搭建工时积分池,涵盖核心工作业绩与综合事务两个部分,包含 10 项一级指标与 47 项二级指标,按照工时进行积分量化,以工分评优秀、换绩效、兑薪酬。三是强化创新保障。组建柔性团队开展创新攻关,全力推进"无人机+电动升降装置",以及2022年首台首套培育项目"导地线越障飞车"在运检工作中的多场景应用,探索"无人机+防山火"的实际应用。

(二)立足"586"打造"四悦+四彩"追梦工程

国网台州临海供电公司变电运检中心坚持把企业文化融入班组建设和业务工作中,点亮"文化"灯塔,引领班组远航。围绕安全理念、亲情家园、警示教育、心理健康等主题,总结提炼出了"五个一学习法""8S现场管理法""六心工作法",经过探索推进、丰富提升、示范带动、全面推广,逐渐探索出了一套适应发展需要的班组企业文化特色做法,形成了系统的企业文化"586工程"。在其楼道上,随处可见"安全生产无小事""制度管事、文化管心"等一些与安全和企业文化相关的标语,无形中推动"文以化之、化而行之";在其"安全长廊"中,映入眼帘的是员工工作照、生活照,还有轻松活泼的安全提醒语,如"亲,今天你准备好了吗""亲,要注意安全哦"等。职工书屋、员工休息室、谈心茶座、乒乓球室等,也让员工在班组里始终感受着"家"的温暖和"爱"的氛围。

在"586工程"的基础上,变电运检中心以"运检融合"为新起点,本着"注重传承,特色发展"的宗旨,打造"四悦+四彩"追梦工程,推进企业文化在班组根植与成长。

"四悦"点燃梦想火花。"悦"境其中,高度浓缩概括员工成长轨迹,打造创新特色、榜样力量、历史荣誉等一系列"梦工厂",发挥潜移默化的教育功能。"悦"动课堂,坚持走"教、学、做"一体化道路,开办"求索半月讲坛",打造实训基地,按照"一人一规划、一人一梦想、一人一专长"的思路,开辟梦想成长之路。"悦"情小家,融合"家"文化,建设职工小家,打造文化长廊,通过座位"面对面"实现思想"面对面",通过空间"凝缩"诞生思想"凝缩",提升员工归属感。"悦"读致远,建设"悦读室",开展"最是书香能致远"主题读书分享会,引导员工开启"爱学习、要创新、求突破"的新风尚。

"四彩"绽放追梦能量。红色志愿服务队以企业宗旨为统领,以"五进"供电服务为载体,彰显责任央企形象。黄色抢修突击队以公司使命为引领,以电力设备抢修和个性化保供电为主体,展现"美好生活服务者"形象。蓝色人才培养队以战略定位为方向,激发"新鲜血液"活力,统筹外输"专家型和复合型"人才,发挥"黄埔军校"的作用。绿色骨干创新队以企业精神为动力,搭建"青苗创意园",立足岗位,发现问题,开动脑筋,把"创新梦想"转变为"创新行动",形成创意成果大量涌现的局面。

(三)"五强化、五提升"打造带电铁军

国网浙江慈溪市供电有限公司带电作业班以"不停电就是最好的服务"为宗旨,发扬慈溪"围垦"精神,甘当重任、勇于创新。主动求变升级理念,从实际出发规划出适合自身特点的班组管理模型。以业务发展驱动班组管理水平升级,向用户提供"三全一优"的精品服务;以文化驱动班组团队凝聚力的提升,塑造"甘当重任、勇于创新"的班组精神。围绕班组建设目标,双轮驱动,不断实现班组建设工作的升级换代,确立了"五强化、五提升"的班组建设思路：即"强化基础管理，升级规范化作业水平；强化技能提升，升级技能型人才队伍；强化创新创效，升级智能型运营能力；强化业务突破，升级主动型业务模式；强化文化建设，升级家园式文化氛围"。全力打造"管理体系优化、文化氛围向上、员工技能晋级、业务业绩突破"的全业务核心班组。

强化基础管理，升级规范化作业水平。从工作环境、制度体系和安全管理三个方面进一步提升规范化运作水平，在提升带电作业安全保障和工作效率的同时营造良好的工作氛围，培育员工良好的工作作风。坚持"人造环境、环境育人"的理念，制定6S管理标准，并利用"周值长制"和安全监督员定期开展监督检查，强化员工规范意识。梳理、完善并编写《慈溪公司带电作业制度汇编》，做到一切行为有章可依、有章可循，实现以制度管人、以制度服人。以"万无一失、一失万无"为安全管理理念，以"安全承载力分析"为载体，建立安全风险管控体系、落实班组安全生产责任制、加强安全目标管理、开展安全技能培训工作，实现安全生产全方位、全过程立体管控，从而确保带电作业的安全高效。

强化技能提升，升级技能型人才队伍。深化复合型人才培养和人才梯队建设，创新成立"匠心电堂"，紧紧围绕"学、练、用、创"四个环节，不断探索和完善带电作业培训体系，通过每周一讲、师带徒、带电大讲堂和技能比武等形式开展技能提升活动，从班组员工中培养出中高级技师两名、技师10名、工程师8名，在全市、全省甚至全国高水平技能人才技能比武活动中屡创佳绩，连续四年获得宁波市带电作业技能比武团体第一名。创新管理工具，建立员工技能矩阵，自行学习并编制了《带电作业一本通》和《配网带电作业现场操作手册》，建立带电作业十步法，落实"训练场就是现场"的理念，突出实战化演练，开展多样化的培训，培养新时代带电工匠。

强化创新创效，升级智能型运营能力。坚持人人创新、事事改善的创新理念，紧紧围绕现场问题，搭建员工创新创效工作平台，建立和完善创新管理机制（"1112工作法"即每月1次问题收集、每月1次进度跟踪、每季1次阶段总结、每年2次成果交流），不断追求技术创新、技能创新、装备创新和管理创新，最终实现大众创新创效、技术技能双升的目标。坚持紧贴生产实际，定期将收集到的疑难问题进行分类，并成立攻关小组，对生产实际中遇到的难点问题进行重点攻关，并将创新成果全面推广应用。目前已获得国家授权发明专利、实用新型专利50余项。各种QC成果也是不断推陈出新，先后获得浙江省QC成果一等奖、二等奖等荣誉。

强化业务突破，升级主动型业务模式。带电作业班完善机制、优化管理，在科学风险管控的基础上，对内对外主动扩展业务范围，与业主单位紧密衔接，不断寻求业务成果的优化与改进。改变传统的被动接受带电作业业务计划为主动对接业务需求，提前介入需求评估，主动参与配网检修计划的制定与审核，可以将部分本来作为停电检修的作业改为不停电检修，减少用户停电时间，增加供电量。应用风险评估单，化被动为主动，并明确各危险点及需要改进的地方，使各运行部门及时做好作业前的现场环境等保障工作，有力提升供电服务水平。积极配合兄弟班组实施联合作业，从而打破市、县区域分界，将不停电服务范围延伸至周边县（市），拓展服务范围，减少停电作业时间，有力提升供电服务水平。主动收集用户信息反馈，运用事后带电作业评价表，由设备主人进行评价，根据评价结果实时改进作业流程与作业标准，不断提升作业质量和服务质量。

强化文化建设，升级家园式文化氛围。着力打造"家文化、匠文化、和文化"。"家文化"——打造员工的"第二家园"：通过"员工书屋、员工浴室、健身活动室、心理减压室"等小家建设，用"家"的元素，打造快乐型班组，打造员工的"第二家园"。"匠文化"——依靠技能托起"中国梦"：树立终身学习的理念，弘扬精益求精、务实创新、踏实专注、恪守信誉的工匠精神，全面提升员工队伍综合能力素质，培养一批技艺精湛、业务突出的复合型带电作业工匠。"和文化"——和心合力"战友情"：坚持和谐共赢理念，在追求班组发展的同时，努力追求员工个人的利益目标与班组目标协调一致，开展丰富多彩的活动，促进员工之间彼此信任融合，用战友情怀激发团队的凝聚力与战斗力。

二、融合地域特色型

（一）融入水乡"三桥"特色的电力"三桥"班组建设

湖州市南浔古镇河流纵横，密如蛛网，尤以广惠桥、通津桥和洪济桥最为著名，形成了独特的水乡古镇"三桥"特色。国网湖州南浔双林供电所将水乡"三桥"融入班组建设，服务乡村振兴战略，面向电网架起安全桥，面向客户架起服务桥，面向员工架起同心桥，全力谱写电力"三桥"新篇章。

当好服务模范生，架起电网安全桥。国网湖州南浔双林供电所是全省首家应用营销作业数字化工作票，实现数字化工作票"生成、签发、许可、终结、归档"全流程闭环管控，重点对施工单位相关资质和作业人员动态信息加强管理的供电所。深入探索营销现场作业安全数字化管控新模式，实现由"现场抓"向"线上抓"的转变。加强指标监控管理职能，做到指标任务"人人能看懂"。结合现场实际开展故障指示器、智能开关及量子开关试点安装工作，不断提升农网自动化水平，深化四区主站系统配网故障研判的应用，精准定位故障范围，减少查找故障时间。以智能人脸识别、智能门禁、物联网、数据分析为技术支撑，实现 24 小时无人值守的智慧无人专业仓管理。

当好群众贴心人，架起百姓服务桥。实施阳光业扩管理模式，创新建立涵盖营销服务、配套工程和受电工程的里程碑计划管理模式，新上业扩工程全流程平均时长 21.02 个工作日，同比下降 18.2%。开展供电所服务客户当先锋活动，定期开展主动服务进政府、省心服务进企业、暖心服务进社区、贴心服务进乡村、安心服务进校园、用心服务进窗口"六进"服务。落实大项目、大用户电力配套建设，有效助力双林小微创业园、旧馆绿色家居产业园的投产落地。推进属地空调进教室民生工程，完成双林庆同小学等 6 所学校的空调安装工作，为校园师生撑起电力遮阳伞。做好优质服务提升工程，后坝电力驿站获评"乡村振兴·电力先行——红船·光明驿站"。

  当好发展领航员，架起队伍同心桥。构建"一所两基地"的新格局，积极营造"在现场学也在课堂学，在干中学也在竞赛中学，跟劳模学也跟书本学"的良好氛围，重点开展立杆，开关柜、拼柜，以及无人机、带电检测等"新老四项"技能培训。以省公司劳模毕卫东、盛强为带头人，组建专业技能扎实的教练团队，激发员工的创新活力，并通过"工作中发现的改进点——金种子，集思广益的解决办法——金果子"的方式，拓宽创新思路，打造"劳模创新队伍"，班组成员主创及参与的"缩短配电网不停电作业夜间抢修时间""管内螺纹线夹的研制"等课题先后荣获"国家电网优秀质量管理成果一等奖""省公司群众性科技创新一等奖"等荣誉。综合考虑设备主人所辖区域用户数量、设备状况、环境等因素，完善薪酬工分分配体系，有效提升员工积极性，形成良性竞争，使其摒弃"躺平"心态。充分利用所内软硬件设施资源，建设舒心"五小"供电所，切实改善员工的工作环境，有效提升员工的获得感、归属感和幸福感，增强员工的凝聚力、战斗力和创造力。

  双林供电所通过"文化＋业务"深度融合，使员工的精神面貌和工作状态进一步得到提升。总线故障跳闸率同比降低32.2%，计划数量同比提升21%，自动化有效覆盖率提升至100%，供电可靠率、分线线损、采集率等关键考核指标明显提升。全所拥有技师及以上技能等级人员 23 人，占比 40.35%。

（二）以人民为中心的"枫桥式"供电所建设

诸暨市枫桥镇因 1963 年诞生了"枫桥经验"而闻名，党的十九届四中全会明确提出坚持和发展新时代"枫桥经验"。国网诸暨枫桥供电所坚持以人民为中心，将其作为班组团队文化的核心，按照"人民电业为人民、专业服务到家门、矛盾化解在基层"的工作理念，积极探索"枫桥经验＋电力业务"模式，建立由政府部门、电力行业和广大客户参与的电力公共服务网共建共治共享机制，打造"政府放心、人民满意、社会认可"的"枫桥式"供电所，架起党联系群众的连心桥。

发挥镇村两级用电管理组织作用，打造农电强基固本的示范地。供电所与各镇乡（街道）签订新农村用电安全管理协议，全面增强农村用电保障能力。坚持"政府主导、电力推动、多方合作"原则，加强镇村两级用电管理组织建设，将农村用电管理工作列入镇乡街道、村两委班子年度绩效考核。引导行政村将依法用电、诚信用电、保护电力设施写入村规民约，增强村民规范用电意识。

构建依靠群众的安全用电机制，打造平安群防群治的融合地。与枫桥学院、媒体、志愿服务组织等建立合作机制，常态化开展电力法律法规和安全用电知识宣传"进村社、进企业、进学校"活动。融入政府大网格，做优电力小网格，组建"1+N"农村用电管理队伍（即 1 个网格配 1 名供电所台区经理和 N 名网格内村电工），做好网格内农村用电管理工作。巩固农村漏电保护器管理成果，确保村民生活用电、家庭工业用电、集体公益用电（农业用电）的漏电保护器安装率、投运率、完好率100%，杜绝发生人身触电事件。

提升"电力老娘舅"服务品牌，打造涉电矛盾调处的最佳地。按照矛盾纠纷"全面排查、及时介入、依法调处、就地化解"的要求，推广"电力老娘舅"调解工作室。融入社会矛盾调处中心（以下简称矛调中心），实现资源、信息共享，畅通浙江省人民调解大数据平台和在线矛盾纠纷化解平台等信息系统应用。组建由司法、调解志愿者协会、"电力老娘舅"等多方参与的专业调解队伍，就地化解各类涉电矛盾纠纷，做到"苗头问题早消化，重点对象早转化，敏感时期早预防，矛盾纠纷早处理"。

拓展"三支队伍"的特色服务，打造电力服务人民满意的新高地。深化红船共产党员服务队建设，践行"光明"精神，抓好"电力老娘舅""电保姆""电管家"三支队伍，在"表后、线外、用户侧"创新服务上形成新突破。深化新型供电服务体系建设，加快末端营配融合落地，加强与村社便民服务中心对接，建好用好"红船·光明驿站"，开展"供电+能效"服务，不断提升优化电力营商环境。构建新型客户关系，高压客户每年走访不少于两次，低压客户不少于一次，每年召开一次客户座谈会、一次行风评议会和满意度测评，广泛收集社情民意，接受群众监督。

实施"数字化、智能化"建设，打造助力乡村振兴的实践地。建设新型电力系统跨场景应用，依托"智慧中枢"实现综合监控和全过程闭环管理，推进智能设备和数字化应用，打造数字化台区。完善"乡村振兴电力民生指数",从幸福用电、绿色用能、产业发展三个维度,对农村供电能力、电网建设、产业用能、百姓用电、绿色低碳等参数进行大数据分析,为地方政府实施乡村振兴决策提供科学的电力评价依据。打造"乡村振兴,电力先行"示范区,建好美丽乡村电网和"农光互补"等项目,积极开展线树矛盾、"三线"搭挂等整治,实现"田间作业电气化、农副加工全电化"。

(三)差异化的班组"潮"文化建设

杭州萧山从清朝开始,当地居民就最先开始自发围垦钱塘江淤塞的沙地,并在这块土地上辛勤耕耘,自给自足。钱塘江中围垦出的50万亩良田,相当于萧山1/3的面积,这被联合国粮农组织誉为"人类造地史上的奇迹"。改革开放以后,当地居民在此辛勤耕耘,"万向""传化"等知名民营企业相继在这片热土上发展壮大,由此形成了独具钱塘地域特色的"潮"文化。国网萧山供电公司相关供电所受此感染,形成了具有差异化的班组"潮"文化品牌。

湘湖供电所为"涌潮"文化,传承8000年文化,做好人民美好生活的电力守护者。湘湖深藏着8000年的跨湖桥遗址,先民打造了有着"中华第一舟"美誉的独木舟,用智慧开启了辉煌的跨湖桥文化。湘湖供电所身处华夏文明的发源沃土,为"人民对美好生活的向往"提供电力保障,时刻守护人民的美好生活。"知行合一",创造5A服务品牌。秉承孙中山先生"天下事业的进步,都是靠实行"的济世名言,不断探索、主动作为,践行"人民电业为人民"的宗旨，打造湘湖供电服务五个 A 的境界。5A 服务，即及时敏锐捕捉市场动态、客户需求（Acuity），有效开展各项专项服务、自查、治理行动（Action），培养专注、负责的服务态度（Absorption），不断提高供电可靠性（Authenticity），坚持可持续发展观（Advancement）。深耕湘湖，匠心服务。湘湖电力人以客户为服务目标，不断优化电力网架结构，持续改善电力营商环境，构建用户认可如时雨滋养、电力服务永无止境的和谐供用关系。

钱江供电所为"弄潮"文化，助推城市新核心发展，服务亚运会赛事保障。钱江供电所处于高速度发展的钱江世纪城板块，已举办过 G20 峰会、FINA 世界游泳锦标赛等高标准、高规格的国际性活动。钱江供电所秉承国网公司、党中央传达的政治、企业发展目标保障国家能源安全，将清洁高效的优质电能源源不断地输送给城市新兴板块与亚运场馆，为第十九届杭州亚运会的顺利召开保驾护航。建成世界一流配电网。随着杭州市政府"拥江发展"口号的提出，钱江世纪城这个钱江南岸的核心区块被隆重搬上了历史的舞台。未来的十年，必将是钱江两岸高速发展的重要时期。配电网作为城市生命力的新鲜血液必须以高标准、严要求对待，才能满足国家产业升级的需求。未来的钱江两岸将是灯光璀璨、万众瞩目，广泛互联、智能互动、灵活柔性、安全可靠的新一代配电网架是其奋斗的目标。为此，需要加强组织领导、健全工作机制、提升装备水平，进一步提升配电网供电可靠性，促进营商环境优化，高质量、高标准建设世界一流配电网。奋斗不息，创新发展。萧山围垦造田的地区从百废待兴到业兴民富，从万亩滩涂到星光璀璨，一代代的电力弄潮儿通过兢兢业业、艰苦奋斗造就了如今的大美钱江。钱江供电所早已今非昔比，正在以重要历史发展节点为契机，面向重大战略需求，在能源转型的大潮中，全面提升电网核心技术能力，走出具有钱江供电所弄潮儿特色的企业创新发展之路。

瓜沥供电所为"竞潮"文化，以新能源安全和优质服务助力小城镇和空港腾飞。瓜沥供电所致力于推广清洁和绿色的新能源应用服务，推广先进技术装备，创新开发利用模式，提升就地消纳能力。加快发展乡村居民屋顶光伏、新能源汽车、电采暖等项目推广，稳步推进萧山东片区域可再生能源示范工程，大力助推临空经济区及小城镇建设，以新绿能源更好地满足电力用户需求。瓜沥供电所是临空新城建设的电力先行者。瓜沥供电所将以建设一流电网，建设一流企业为目标，配合地区发展要求，深入实施"兴城拓港"战略。架起党联系群众的连心桥，以优质的电网和服务，加快建设国内一流现代化临空新城和国内一流小城市。永不自满、永不停息。瓜沥供电所以全国用户满意窗口和国网五星级供电所为基础，以"人民电业为人民"的宗旨不断加强和完善自己，着力提升"全能型"标杆供电所的综合管理水平，发挥优势，争当头雁，持续保持同业对标指标及供电所管理的领先水平。

尾 声
对未来班组建设的展望与思考

《班组进化论》一书中预言，未来班组内部将充满人机交互与融合的工程师团队，人工智能开始大量取代人类，人们工作主要是为了展现自我、完善自我、提升自我。未来班组还会有哪些确定和不确定的变化？我们应该如何顺应变化甚至引领变化？

国网浙江电力对此进行了展望与思考，希望能与更多读者进行分享和交流。

首先，数字化转型是班组进化的必由之路。当前，人类社会正处于信息化时代向数字化时代过渡之际，数字化趋势已经成为时代主流。从整个社会范围看，数字化正在重新定义商业、产业、文化乃至人们的生活方式。拥抱这场大变革，是这个最具不确定性的时代最具确定性的动作。从电网企业来看，新型电力系统建设是一个伴随电网形态及运行方式演进、能源领域变革的长期过程，新型电力系统最显著的特点就是电网及其设备将更加数字化、自动化、智能化，以快速响应电源侧的绿色波动、快速适应负荷侧的多变需求。电网企业班组也正在从信息化时代逐步过渡到数字化时代。数字化不是某一环节的降本增效，而是全面驱动效率提升，重构组织模式与价值网络的必由之路。就班组而言，粗放式管理必然让位于精益化管理，基于大数据和人工智能等新技术支撑的精准预测、精准分析、精准控制、智能管理一定会越来越多。

其次，科技与创新是班组发展的两大引擎。科技是第一生产力，人才是第一资源，创新是第一动力。在这个科技爆炸的年代，我们无法准确预知未来到底会出现什么新技术，但我们坚信一定会涌现更多更新的实用技术。对班组而言，重视高素质人才队伍的建设，充分发挥人才的作用，积极应用新技术、新设备、新材料和新工艺，大力推动技术和管理创新，必将极大地提高班组工作的效率和效益。

当价值创造和成效导向成为共识，各种横跨班组、部门甚至公司的工作小组、虚拟团队等新的组织模式可能应运而生。班组成员不会像今天这样固定，将出现更加客观公正衡量个人绩效和价值的方法。对班员来说，自主学习、提升技能不再是追求进步的标志，而是维持生存的现实需要。人员精、装备优、素质强、效率高的未来班组将成为必由之路，一岗多能、一专多能将成为必然要求。

最后，人机共生是未来班组的高级阶段。根据班组内人与机器关系的演变，将未来班组划分为人机协作时代、人机交互时代、人机融合时代和人机共生时代。在人机协作时代，借助大数据、云计算、物联网、移动终端等信息技术构成了智慧网络和班组中的协作机器人，操作性、重复性、危险性的工作被协作机器人替代。在人机交互时代，随着以机器学习、深度学习、自然语言处理、计算机视觉、运动控制、语音识别为代表的人工智能技术的成熟，促使智能机器人走上班组舞台。当前，电网企业班组正处于从人机协作时代向人机交互时代过渡的时期。到了人机融合时代，借助人工智能技术和对人体本身的开发，人类在脑力和体力上实现大幅度的自我进化。在人机共生时代，班组中的人类与智能机器实现完全融合，出现新的组合——智能机器与人类，由此组成的班组将是怎样的？这不得不令人充满期待。

大河流日夜，慷慨歌未央！展望未来，我们心潮澎湃；回到当下，我们豪情满怀。当前，国网浙江电力正在加快建设具有中国特色国际领先的能源互联网企业的示范窗口、建设新型电力系统省级示范区，公司将持续推进卓越管理和班组高质量转型发展，以笃行不怠、锐意进取的精神状态，开创基层基础管理的新篇章。

附　　录

2023 年卓越班组"三级联创"工作流程及考评标准（试行）

2023 年卓越班组"三级联创"考评内容包括"一票否决"事项验审、过程考量和验收评审。卓越班组须逐级评定创建，市、县公司须做好本单位班组专业分布培育创建计划，统筹兼顾各专业班组。原则上考评 70 分以上可创建为"县公司卓越班组"，80 分以上可创建为"市公司卓越班组"，90 分以上可创建为"省公司卓越班组"，结果参考同专业得分排名。直属单位参照执行。

一、创建流程

（一）"一票否决"事项验审

公司本部相关部门及评审专家对申报班组"一票否决"事项进行验审。申报班组若存在"一票否决"事项，则本次申报"不通过"。"一票否决"贯穿创建全过程，发生"一票否决"事项则班组终止本年度申报。

（二）过程考量

过程考量内容包括党建引领、过程成效、材料报送、班貌班风四个部分。流程包括申报初审和中期检查两个环节。市公司、直属单位按月反馈市县公司卓越班组培育创建情况，总体须符合本专业建设方向，满足公司高质量发展趋势和卓越班组创建管理要求，清单制定明晰简洁，紧密结合班组专业业务和管理实际，突出过程与实效。

1. 申报初审

各单位规范有序地做好卓越班组常态化培育和工作指导，把好申报质量关。申报班组自我评价须分析充分、论述较为完整。经公司抽查，如申报班组"过程考量"考评低于60分，且未按公司卓越班组创建理念方法和过程管理来培育创建的，则撤销其卓越班组申报资格，同时所在单位整体停报一年。

2. 中期检查

公司原则上每年开展卓越班组创建现场检查，综合考虑线上、现场考评等形式。省公司卓越班组创建中期检查以市、县公司卓越班组创建中期检查情况为主要基础，适时不定期开展抽查，包括党建引领、过程成效、材料总结提炼和班风班貌等情况。

（三）验收评审

验收评审的主要内容包括"四个关键"工作成效、案例质量、鼓励加分三个部分。验收流程包括"一票否决"事项验审、验收材料审核两个环节。申报单位统一报送清单式管理工作表、班组管理案例，开展鼓励加分自评，提供必要性佐证材料。班组需填写自评分数，准备申报材料。

1. "一票否决"事项验审

相关职能部门基于各班组自评材料对申报班组"一票否决"事项进行逐级验审，符合条件的进入材料审核环节。

2. 验收材料审核

专家对照佐证材料进行审核，佐证材料需支撑有力，电子文档及纸质材料应真实完备，规范合理，与得分标准逐一对应。

二、考评比重

卓越班组"三级联创"工作考评标准注重过程和结果，确定五个环节考评比重，如附表1所示。

附表1　卓越班组"三级联创"工作考评标准比重表

创建标准	"一票否决"事项验审	过程考量	验收评审		
			"四个关键"工作成效	班组案例质量	鼓励加分
占比	—	10%	65%	20%	5%

三、考评标准

（一）"一票否决"事项验审考评标准

附表2为"一票否决"事项验审考评标准。

附表 2 "一票否决"事项验审考评标准

序号	类别	考评部门
1	未完成公司规定的年度安全生产目标	办公室、安监部、宣传部、人资部、企管部、纪委办
2	发生责任性七级及以上电网事件、设备事件；发生责任性八级信息系统事件；发生八级及以上人身事件；发生负主要责任的农村群众触电伤亡事故；发生严重违章、恶性电气误操作事故；发生火灾事故；发生同等及以上责任重大交通事故	
3	发生违法违纪及刑事案件	
4	员工受行政、党纪警告及以上处分	
5	发生行风事件；发生被新闻媒体曝光及造成重大社会负面影响的属实事件	
6	发生影响企业稳定的涉及党风廉政建设和行风建设方面的来信来访和上访事件；发生对公司产生负面影响的员工越级上访和集体上访	
7	发生违反中央"八项规定"精神、上级和公司党委有关作风建设规定的行为	
8	班组实际配置人员少于 7 人，或不属于公司人资 ERP 系统中班组级机构设置	

注 违章统计以国网、省、市、县公司查处违章为准。

（二）过程考量考评标准

附表 3 为过程考量考评标准。

附表 3 过程考量考评标准

序号	类别	分值	评分标准	考评部门
1	党建引领	40	坚定政治立场、注重党建引领和民主管理，加强形势任务教育，推动"党建+"工程落地，班组凝聚力、文化向心力、党员先锋模范、党员责任区、党员示范岗、共产党员服务队等发挥作用。 【整体为优的得 33～40 分，较优 25～32 分，中等 17～24 分，较差 9～16 分，差 0～8 分】	企管部、党建部、工会

续表

序号	类别	分值	评分标准	考评部门
2	过程成效	40	卓越班组创建工作围绕核心业务、激励机制、数智运用、队伍建设"四个关键"过程，具备阶段性成效或典型管理亮点。 【整体为优的得33～40分，较优25～32分，中等17～24分，较差9～16分，差0～8分】	企管部、党建部、工会
3	材料总结提炼	10	材料按照时间节点及时、完整、规范报送，电子及纸质材料客观完备，总结提炼突出重点。 【整体为优的得9～10分，较优7～8分，中等5～6分，较差3～4分，差0～2分】	
4	班风班貌	10	班容班貌，包括卓越班组理念导入情况、班员着装、精神风貌、工作专注度、班组和谐互助氛围及班组办公区、库房和作业区定置管理、规范整洁等情况。 【整体为优的得9～10分，较优7～8分，中等5～6分，较差3～4分，差0～2分】	

（三）"四个关键"工作成效考评标准

附表4为"四个关键"工作成效考评标准。

附表4 "四个关键"工作成效考评标准

序号	类别	指标	分值	评分标准	考评部门
1	核心业务	安全工作成效	9	牢固树立安全发展观，班组全年未发生违章事件的，得6分；班组当年获得重大安全贡献奖，省公司奖项得3分，市公司奖项得2分	安监部
		核心业务自主实施能力覆盖率	7	班组具备自主实施能力的核心业务类型数占本班组应承担的业务类型总数比例达到85%的得1分，基于85%每提高1%加1分	设备部、营销部、建设部、数字化工作部、物资部、调控中心

续表

序号	类别	指标	分值	评分标准	考评部门
1	核心业务	核心业务"在干"类型覆盖率	7	班组核心业务"在干"类型数占本班组应承担的核心业务类型总数比例达到80%的得1分，基于80%每提高1%加1分	设备部、营销部、建设部、数字化工作部、物资部、调控中心
		核心业务"管好"成效	7	班组对外包队伍、分包队伍核心业务"管好"取得显著成效且形成典型经验等成果，获得上级肯定采纳，被国家级单位（部门）肯定采纳的得4分/项，被省部级单位（部门）肯定采纳的得3分/项，被厅局级单位（部门）肯定采纳的得2分/项，被县处级单位（部门）肯定采纳的得1分/项，累计不超过7分。班组核心业务实施不涉及外包队伍、分包队伍的得7分	
2	激励机制	激励执行规范	10	班组绩效云平台与班组相关绩效管理等应用工具记录绩效数值准确，得5分；兑现薪酬与绩效分值合理匹配，得5分	人资部
		激励科学有效	15	绩效工资占比不低于55%得9分，每低1%扣0.5分，9分扣完为止。班组运用绩效工具方法调动班员的积极性，形成"人少绩优薪酬高"成果或长效激励机制的，被国家级单位（部门）肯定采纳的得4分/项，被省部级单位（部门）肯定采纳的得3分/项，被厅局级单位（部门）肯定采纳的得2分/项，被县处级单位（部门）肯定采纳的得1分/项，累计不超过6分	

续表

序号	类别	指标	分值	评分标准	考评部门
3	数智运用	新技术应用	12	班组新技术"应用尽用、应推尽推"程度整体为优的得4分，较优得3分，中等得2分，较差得1分。 班组数字化、标准化长效工作机制或班组数智新技术应用成果、案例，被国家级单位（部门）肯定采纳的，得4分/项，被省部级单位（部门）肯定采纳的得3分/项，被厅局级单位（部门）肯定采纳的得2分/项，被县处级单位（部门）肯定采纳的得1分/项，累计不超过4分。 作为试点班组，支撑上级数智新技术应用重点项目，成效获肯定的，国家级单位（部门）得4分/项，省部级单位（部门）得3分/项，厅局级单位（部门）得2分/项，县处级单位（部门）得1分/项，累计不超过4分	企管部、设备部、营销部、基建部、数字化工作部、物资部、调控中心
		成果推广	8	班组员工参与编制新技术应用成果推广或转化实施方案的，国家级方案得4分/项，省部级方案得3分/项，厅局级得2分/项，县处级得1分/项，累计不超过4分。 班组数智新技术应用成果推广应用至全国的得4分/项，推广应用至国家电网公司系统（行业）得3分/项，推广应用至省公司系统的得2分/项，推广应用至地市公司的得1分/项，累计不超过4分	

续表

序号	类别	指标	分值	评分标准	考评部门
4	队伍建设	能力提升	13	人才素质提升大于1，得7分，每少1%减指标分值的10%。近三年，班组长参加省公司及以上班组长管理能力提升等相关培训、实训的每次得1分，累计不超过6分	人资部
		价值输出	12	班组长或班员作为竞赛比武教练，所在团体获得荣誉的，国家级荣誉得4分/项，省部级荣誉得3分/项，厅局级荣誉得2分/项，县处级荣誉得1分/项，累计不超过6分。班组骨干培育长效机制或队伍建设管理成果推广应用至全国的得4分/项，推广应用至国家电网公司系统（行业）的得3分/项，推广应用至省公司系统的得2分/项，推广应用至地市公司的得1分/项，累计不超过6分	

注 1. 班组违章事件等安全数据信息查询取自"安全域"。

2."核心业务自主实施能力覆盖率"中班组自主实施或经县公司级及以上技能培训通过认证的业务类型数量可统计在内。

3. 绩效工资占比 = 班组员工绩效工资总额 / 班组员工工资总额 × 100%。

4. 人才素质提升 = ∑班组人才当量值 / 班组人数，"班组人才当量值"为首席技师计2、特级技师计1.6、高级技师计1.3、技师计1、高级工计0.8、中级工计0.6、初级工计0.4、无技能等级计0.2；三级专家计1.5、四级专家计1.4、五级专家计1.3、六级专家计1.2、七级专家计1.1、研究生计1.3、本科计1、专科计0.8，同一人员按就高原则计值。

5. 获得上级肯定采纳情况包括但不限于"上级领导批示肯定、上级专业部门通报、国家电网工作动态、浙江电力工作动态"等情况。

6. 相关荣誉、典型案例、成果、推广或转化实施方案须为近3年业绩，体现班组名称、班员姓名。同一项目、事项、成果等评分按就高原则，不重复计算。

（四）案例质量考评标准

附表5为案例质量考评标准。

附表 5　案例质量考评标准

序号	类别	分值	评分标准	考评部门
1	价值意义	20	案例价值高，针对问题为本专业人员公认的难点痛点，与专业管理要求联系紧密，对同类班组借鉴意义大，具有代表性、广泛性、推广性。 【整体为优的得 17～20 分，较优 13～16 分，中等 9～12 分，较差 5～8 分，差 0～4 分】	企管部、设备部、营销部、建设部、数字化工作部、物资部、调控中心
2	做法过程	30	措施科学，做法可行，具备操作性，有客观数据支撑。 【整体为优的得 25～30 分，较优 19～24 分，中等 13～18 分，较差 7～12 分，差 0～6 分】	
3	清单情况	30	清单重点内容突出、条理清晰、结论严谨。术语、符号、计量单位等内容格式规范、语句通顺、用词准确。 【整体为优的得 25～30 分，较优 19～24 分，中等 13～18 分，较差 7～12 分，差 0～6 分】	
4	实际成效	20	班组典型管理案例结合班组实际，改进举措实施后取得成效，关键指标改善有可靠数据支撑，成效显著且具有螺旋式提升的趋势。 【整体为优的得 17～20 分，较优 13～16 分，中等 9～12 分，较差 5～8 分，差 0～4 分】	

（五）鼓励加分考评标准

附表 6 为鼓励加分考评标准。

附表 6　鼓励加分考评标准

序号	分类	分值	评分标准	考评部门
1	集体荣誉	20	近三年，班组获得国家级单项荣誉 4 分/个，行业级单项荣誉 2 分/个，国家电网公司级单项荣誉 1 分/个，省公司级单项荣誉 0.4 分/个。 （同一荣誉按就高原则）	企管部

续表

序号	分类	分值	评分标准	考评部门
2	个人荣誉	20	近三年，班员获全国"劳模、岗位能手、技术能手、工匠、青年工匠、优秀党员、优秀团员、道德模范（敬业爱岗）、五一劳动奖章、青年五四奖章"等相关同等级称号，加10分； 行业级"劳模、岗位能手、技术能手、工匠、青年工匠、优秀党员、优秀团员、青年五四奖章"等相关同等级称号，加4分； 国家电网公司级"劳模、岗位能手、技术能手、工匠、青年工匠、优秀党员、优秀团员、青年五四奖章"等相关同等级称号，加2分； 省公司级"劳模、岗位能手、技术能手、工匠、青年工匠、优秀党员、优秀团员、青年五四奖章"等相关同等级称号，加1分。 （同一人员按就高原则）	企管部、人资部、党建部、工会
3	创新业绩	20	近三年，作为主创班组，质量管理（QC）优秀成果入选国家电网公司推荐的国际比赛最高奖，加12分/个成果； 作为主创班组，入选国家电网公司质量管理（QC）小组成果一、二、三等奖，一个成果分别加8分、6分、4分； 作为主创班组，荣获省公司优秀QC成果一、二、三等奖，分别加4分、2分、1分。 班员获得已授权且在有效期内专利，加1分/个； 班员论文在国家批准的正式期刊、学术会议、省（市、区）批准的内部准印期刊上发表，一篇加1分，在核心期刊上发表的，一篇加3分；班员作为主要作者参与著作编制的，一篇加2分。 班组和班员所提建议入选国家电网公司、省公司优秀合理化建议的，一条分别加5分、3分。 （同一成果按就高原则）	企管部、人资部、工会

附　录

续表

序号	分类	分值	评分标准	考评部门
4	竞赛比武	40	近三年，班员所在团队获国家电网公司或中国电力企业联合会竞赛（专业技术比武）团体前三名，分别加4分、2分、1分； 班员所在团队获国家电网公司调考团体前三名，分别加4分、2分、1分； 班员所在团队获省公司专业技术比武团体前三名，分别加2分、1分、0.4分； 班员所在团队获市公司级专业技术比武团体前三名，分别加1分、0.4分、0.2分 （同一项目按就高原则，本项最高20分）	企管部、人资部、工会
			近三年，班员获国家电网公司或中国电力企业联合会竞赛（专业技术比武）个人前三名，一人分别加4分、2分、1分； 班员获国家电网公司调考个人前三名，一人分别加4分、2分、1分； 班员获省公司专业技术比武个人前三名，一人分别加2分、1分、0.4分； 班员获市公司专业技术比武个人前三名，一人分别加1分、0.4分、0.2分。 （同一项目、同一人员按就高原则，本项最高20分）	企管部、人资部、工会

注　1. 所有加分获奖时间须以表彰、通报发文时间为准。

2. 三年内调出班员荣誉归属以取得荣誉时所在的班组为准。

3. "核心期刊"审查封面或目录版权页上印制中文核心期刊、中国科技核心期刊，并比对北大图书馆最新发布的《中文期刊核心目录总览》、中国科学技术信息研究所出版的《中国科技核心期刊目录》、南京大学《中文社会科学引文索引》（CSSCI）来源期刊目录。SCI收录或EI收录的文章需提供有大学图书馆或教育部科技查新工作站盖章的收录证明。

4. "有正式刊号的普通期刊"审查以封面或版权页上有ISSN和CN的组合字样出现为准。可在国家新闻出版署或中国知网、万方数据等期刊数据登录网站查到。

5. "省（市、区）批准的内部准印期刊"审查以封面或版权页上有"X内资准字"出现为准（如《电力人力资源》，为"京内资准字9908-L0825"）。

6. "学术会议上发表"必须要有学术会议主办部门的证明页。

7. "著作"审查以有正规的出版社为准。佐证材料要求有著作封面、版权页、编委页、目录页、正文节选、出版单位出具的字数证明。

8. 荣誉、论文、著作、专利须为近3年业绩，体现班组名称、班员姓名。评分按就高原则，不重复计算。

9. 其他鼓励加分具体事项由评审专家集体商议确定得分。

参考文献

[1] 国共慧. 班组进化论 [M]. 北京：中国工人出版社，2018.

[2] 新益为. 精益班组管理实战 [M]. 北京：人民邮电出版社，2022.

[3] 舒印彪，康重庆. 新型电力系统导论 [M]. 北京：中国科学技术出版社，2022.

[4] 王钦. 人单合一管理学——新工业革命背景下的海尔转型 [M]. 北京：经济管理出版社，2016.

[5] 赵剑波. 管理的要素：海尔人单合一模式创新要览 [M]. 北京：经济管理出版社，2018.

[6] 阿图·葛文德. 清单革命 [M]. 王佳艺，译. 北京：北京联合出版公司，2017.

后　　记

本书从酝酿构思到正式成稿，得到了各界人士的关心、帮助和支持。在书稿付梓之际，谨向各参编单位和参编工作的领导、专家、参编者、供稿人表示衷心感谢。国网浙江省电力有限公司企业管理部牵头组织本书的编制工作，为本书成稿付出了辛勤劳动。此外，还要感谢编写组专家对书稿提出的宝贵修改意见和建议，以及各成员单位提供的许多珍贵的资料；感谢上级工会的支持，以及李颖毅、王文明、徐东辉、钟晓波、叶炯、张胜鹏、唐伟武、余建华等国网浙江电力班组建设历任职能部门领导、专家，班组建设工作领导小组副主任部门人资部、党建部、工会和设备部、营销部等专业部门对本书给予的大力支持和指导。

由于时间仓促，加之编制人员背景经历、知识结构和理论水平所限，尽管我们为完善书稿付出了最大努力，书中难免存有不足之处。诚望读者不吝赐教，提出宝贵意见，共同为班组建设添砖加瓦、增光添彩！